W9-BMY-289

# El arte de la costura

## para principiantes

**Tejido • Ganchillo • Punto de cruz • Patchwork • Costura**

# El arte de la costura
## para principiantes

**Tejido • Ganchillo • Punto de Cruz • Patchwork • Costura**

**Charlotte Gerlings**

Grupo Editorial Tomo, S.A. de C.V.,
Nicolás San Juan 1043,
03100, México, D.F.

1a. edición, abril 2013.

*Beginner's Guide to Needlecrafts*
Charlotte Gerlings
Copyright © 2011 Arcturus Publishing Limited
26/27 Bickels Yard, 151-153 Bermondsey Street,
London SE1 3HA

© 2013, Grupo Editorial Tomo, S.A. de C.V.
Nicolás San Juan 1043, Col. Del Valle
03100 México, D.F.
Tels. 5575-6615, 5575-8701 y 5575-0186
Fax. 5575-6695
http://www.grupotomo.com.mx
ISBN-13: 978-607-415-493-1
Miembro de la Cámara Nacional
de la Industria Editorial No. 2961

Traducción: Graciela Frisbie
Diseño de portada: Karla Silva
Formación Tipográfica: Armando Hernández R.
Supervisor de producción: Leonardo Figueroa

Derechos reservados conforme a la ley.
Ninguna parte de esta publicación podrá ser reproducida o
transmitida en cualquier forma, o por cualquier medio electrónico
o mecánico, incluyendo fotocopiado, cassette, etc., sin autorización
por escrito del editor titular del Copyright.

Este libro se publicó conforme al contrato establecido entre
*Arcturus Publishing Limited* y *Grupo Editorial Tomo, S.A. de C.V.*

Impreso en México - *Printed in Mexico*

**Tipos de telas e hilos (ver los números)**
**1** *tela Aída* **2** *tela tipo lona* **3** *Hilo de algodón "Pearl"* **4** *Madeja de poliéster de seis hebras* **5** *Madeja de rayón de seis hebras* **6** *madeja de algodón de seis hebras* **7** *Filamentos combinados* **8** *Hilo metálico para bordar a mano o a máquina* **9** *Hilazas, borlas y cuerdas metálicas para bordar* **10** *madeja de poliéster metálico de seis hebras* **11** *Hilaza de algodón suave* **12** *Hilaza de algodón "Pearl", sencillo y multicolor*
Materiales proporcionados y fotografiados con la autorización de DMC Creative World Ltd (visitor www.dmcreative.co.uk para obtener más datos), y Madeira UK (www.madeira.co.uk)

**Muestras que aparecen en la cubierta posterior (ver los números que aparecen a continuación):**
**1** *Punto de musgo* **2** *Tejido de esterilla* **3** *Cadenas tipo ojal* **4** *Escama de pez* **5** *Galones* **6** *Patrón Diagonal de Concha* **7** *Bordes de concha*

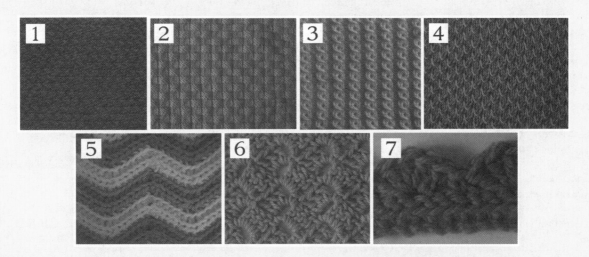

# CONTENIDO

Introducción   8

## Costura   9

### Primera Parte: Equipo y materiales

Equipo   10
Agujas, alfileres e instrumentos para
   cortar   12
Hilo   13
Telas   14
La máquina de coser   16
Patrones de papel   19
Accesorios   22

### Segunda Parte: Métodos y técnicas
para la costura a mano

Cómo ensartar una aguja   23
Puntadas rectas   24
Cómo unir una costura abierta   24
Cómo hacer una costura cerrada   25
Curvas y esquinas   25
Para remendar   26
Cómo usar un medidor de
   puntadas   26
Dobladillos   27
Pretinas   28
Proyecto: Una bolsita para regalos
   con cordón ajustable   29
Bies y cintas   30
Pliegues y plisados   31
Frunces – Nido de abeja   32
Pretinas de cintura y puños   33
Aperturas y formas para cerrarlas   34
Cómo coser un ojal a mano   35
Cómo unir mangas a la sisa   36
Adornos: Cuentas, lentejuelas y
   moños   37
Proyecto: Un delantal   38
Adornos: Bordes, presillas y
   aplicaciones   40

### Tercera Parte: Métodos y técnicas
para usar la máquina de coser

Cómo enhebrar la máquina de
   coser   41

La bobina   42
Cómo localizar y resolver
   problemas   43
El largo y ancho de la puntada   44
Cómo coser a máquina telas
   especiales   44
Cómo hacer costuras ocultas   45
Acabados en las costuras hechas a
   máquina   45
Cómo hacer pinzas   46
Entretelas con forma   46
Cómo insertar un zíper   47
Pespuntes   47
Cómo hacer ojales con la máquina de
   coser   47
Plisados   48
Cómo hacer ribetes   48
Proyecto: Un burlete en forma de
   perro salchicha   49
Consejos sobre el lavado y el cuidado de
   la ropa   52
Términos relacionados con la
   costura   53

## Patchwork   54

### Primera Parte: Equipo y materiales

Plantillas (patrones)   55
Equipo   56
Tela   58
Papel cuadriculado para gráficas   60
Plantillas curvas   62

### Segunda Parte: Métodos y técnicas
para unir retazos

Gráficas   63
Cómo hacer plantillas   64
Formas estándar   65
Cómo cortar formas de tela   66
Colchas de retazos tipo seminole   67
Retazos tipo inglés   68
Proyecto: Mantel individual   69
¿Coser a máquina o coser a mano?   70
Técnicas para unir   71
Bloques   72
Unir piezas   74

Cómo unir bloques   76
La colcha de retazos   78

### Tercera Parte: Cómo armar la
colcha

Un borde básico   87
Ensamblado   88
El acabado   91

### Cuarta Parte: Aplicaciones en
colchas

Aplicaciones   93
Plantillas antiguas   95
El proceso de acolchar   96
Bordes con ribetes   97
Sashiko   98
Papel cuadriculado para gráficas   99
Consejos para exhibir una colcha y para
   su cuidado posterior   100
Términos y abreviaturas relacionados
   con las colchas de retazos   101

## Punto de cruz   102

### Primera Parte: Equipo y materiales

Agujas y telas   103
Equipo   104
Cómo trabajar con aros y
   bastidores   105
Agujas   106
Hilos   107
Telas y cuenta de hilos   108
Cómo calcular cantidades   109
Tablas de punto de cruz y cómo
   leerlas   110
Cómo trazar tus propios diseños   111
Patrones   112
Artículos que puedes decorar   114

### Segunda Parte: Métodos y técnicas
para el punto de cruz

Tarjeta guía   115
Cómo preparar la tela   116
Cómo preparar los hilos   118

Cómo empezar y rematar   119
Puntadas básicas   120
La historia de los muestrarios   122
Alfabeto en punto atrás   123
Temas populares en los
    muestrarios   124
Bordado de Asís   125
Animales heráldicos y criaturas
    míticas   126
Alfabeto estilo Asís   127
Variaciones del punto de cruz   128
Alfabeto y números Sans Serif (sin
    remates)   130
Alfabeto y números con Serif
    (remate)   131
Puntadas con nudos   132

**Tercera Parte: Labores de costura**

Plantillas   133
Tarjetas de felicitación   134
Bandas decorativas   135
Cómo trabajar con lona plástica
    (cañamazo de plástico)   136
Diseños en miniatura   137
Bordes y esquinas   138

**Cuarta Parte: Puntadas básicas
    para el bordado**

Puntadas básicas para el bordado   139
Alfabeto en letra cursiva   142
Lavado, montaje y cuidado
    posterior   143
Términos y abreviaturas para el punto
    de cruz   145

**Tejido y ganchillo**   146

**Primera Parte: Equipo y materiales**

Tabla de agujas y ganchos   147
Equipo para tejer con agujas y
    gancho   148
Estambres y fibras   149
Cómo leer los patrones de tejido y
    crochet   150
Ejemplos de tensión en el tejido y el
    crochet   151
Cómo calcular cantidades   152

**Segunda Parte: Métodos y técnicas
    de tejido**

Cómo sostener el estambre y las
    agujas   153
Cómo poner (montar) puntos para
    tejer   154
Cómo rematar (cerrar puntos) al
    tejer   155
Puntos básicos y más   156
**Proyecto:** Bufanda en punto
    bobo   157
**Proyecto:** Sombrero de cordoncillo
    para niña de dos años, con borde
    doblado y borla   159
Bordes   160
Procedimientos de emergencia   161
Aumentar   162
Disminuir   164
Tejer en redondo   166
Ojales   167

Toque final   168
Decorar: Con punto de cruz   169
Decorar: Con costura estilo suizo   170
Decorar: Con borlas y flequillos   171
Decorar: Con pompones   172

**Tercera Parte: Métodos y técnicas
    de crochet**

Cómo sostener el estambre y el
    gancho   173
Cadenas de base   174
Puntos básicos   175
Variaciones básicas de los puntos   178
Cadenas de giro   179
Cómo añadir estambre sin hacer
    nudos   179
Aumentar   180
Disminuir   181
Formas geométricas   181
Para abrochar   182
Bordes   183
**Proyecto:** Chal de crochet   183
Cuadros de la abuela (Granny
    squares)   184
Toques finales   185
**Proyecto:** Cojín con cuadros de la
    abuela   186
Cuidado posterior   187
Abreviaturas y términos que se usan en
    el tejido   190
Abreviaturas y términos que se usan en
    el crochet   191

# INTRODUCCIÓN

Hay algo realmente muy satisfactorio en relación con hacer algo con tus propias manos, y esa satisfacción empieza antes de la tarea en sí. Desde el momento en que concibes la idea de un proyecto, tienes todo el placer que representa elegir el diseño y los colores, y decidir cuáles son los mejores materiales que debes usar. ¡Y cuando tu proyecto está terminado, habrás creado algo que personalmente consideras único!

Para ayudarte a empezar, *El arte de la costura para principiantes* ha reunido una serie de lecciones breves sobre las labores más populares y que más se practican: Costura, patchwork, punto de cruz, tejido y ganchillo (o crochet). Su propósito es proporcionar instrucciones ilustradas, paso a paso, para quienes se inician en estas labores y también ser una fuente de consulta para quienes quisieran recordar lo que han aprendido en el pasado.

Además de los métodos y técnicas esenciales, cada una de las labores que se presentan cuenta con una lista de utensilios y equipo. Esto incluye el posible uso de una máquina de coser, y se muetran ilustraciones detalladas y consejos para quienes la van a usar por primera vez. Se proporciona información sobre diversos materiales y sobre las cantidades que se necesitan, junto con consejos sobre la manera de interpretar los patrones impresos. Cada sección de las diversas labores va acompañada de un glosario de términos específicos y abreviaturas; y hemos diseñado varios proyectos sencillos para animarte a seguir adelante.

Terminar tu primer proyecto de costura abrirá tus ojos y, algo aún más importante, abrirá tu imaginación. Prepárate para encontrar inspiración en toda clase de lugares, en las formas, en los colores y en las texturas del mundo de la naturaleza, del mundo de las máquinas y del mundo que el ser humano ha construido. Independientemente de lo antiguo que sea un tipo de trabajo artesanal siempre habrá lugar para la experimentación y para dar un enfoque contemporáneo, al igual que para seguir la tradición.

Con la confianza en tus habilidades, crecerá tu ambición; y podrás dirigir tus esfuerzos a crear cosas para tu familia y tus amistades, diseñando tus propios modelos y estilos para tareas que podrían llegar a ser las reliquias familiares del mañana.

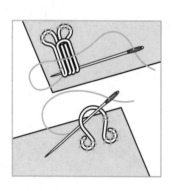   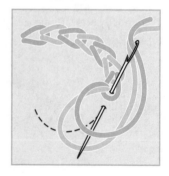

# Costura

Las primeras agujas se hicieron con huesos de animales y se usaron para coser pieles con nervios o tendones. Entre esa época y nuestros días, la gente ha cosido ropa para mantenerse caliente, ha hecho tiendas de campaña para resguardarse, velas de barco para viajar y explorar, y banderas para las naciones. Podría decirse que una aguja e hilo en manos expertas han jugado un papel tan importante en la civilización como el hecho de que el hombre inventara la rueda.

Sin embargo, como objetos cotidianos en nuestra casa, las agujas y el hilo sólo son cosas que ocupan un lugar, hasta que descubrimos su potencial (y el nuestro) y dominamos las técnicas básicas de la costura. Para ayudarte, aquí presentamos una guía ilustrada, paso a paso, que empieza con la forma de ensartar una aguja y te enseña las puntadas básicas, te enseña a cortar y dar forma a las telas, y a usar la máquina de coser. Ya sea que estés comenzando a coser o que quieras repasar lo que ya sabes, este libro podría ser una referencia útil.

Se incluyen secciones sobre todo tipo de equipo, hilos, telas y adornos; cómo entender los patrones de papel y qué se necesita para confeccionar una prenda. Toda una sección se concentra en la máquina de coser, lo que es especialmente útil hoy en día cuando muchas personas se están interesando en adquirir una. Otras secciones tratan temas de menor magnitud, pero también importantes, como hacer reparaciones, usar un medidor de puntadas (una reglita que tiene un marcador ajustable para que una bastilla o costura quede pareja cuando se sujeta con alfileres o se cose) o colocar un zíper. Finalmente, se presentan tres proyectos fáciles para que practiques tus destrezas en la costura, antes de iniciar otros proyectos más ambiciosos en los que quieras involucrarte.

# PRIMERA PARTE

# EQUIPO Y MATERIALES

## EQUIPO

A. Agujas, alfileres, alfileteros

B. Tela y carretes de hilo

C. Dedal

D. Descosedor

E. Tijeras de costura

F. Tijeras

G. Tijeras de bordado

H. Tijeras para hilo

I. Tijeras dentadas

J. Medidor de puntadas

K. Regla transparente

L. Cinta métrica de fibra de vidrio

M. Gis (tiza) de modista

N. Cera de abeja

O. Plancha

P. Tabla para mangas

Q. Base para mangas y almohadilla firme y curva para planchar áreas curvas y contornos

R. Máquina de coser

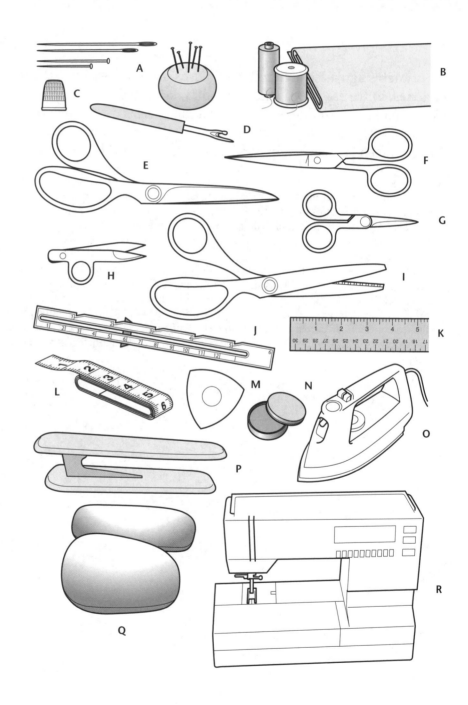

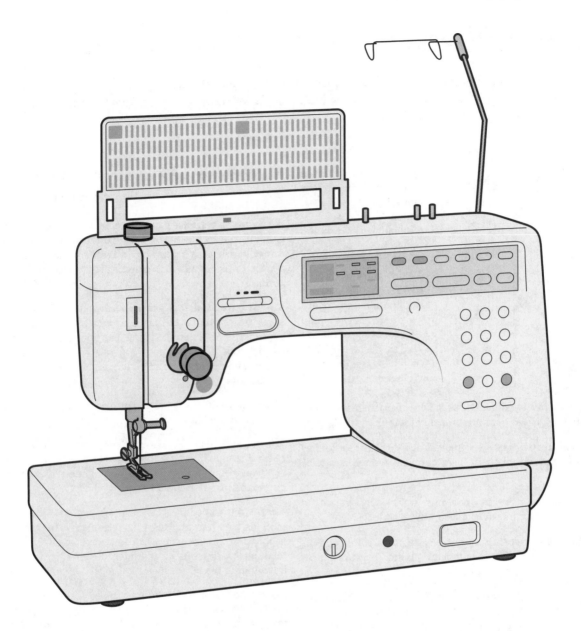

Quienes usan máquinas de coser computarizadas no sólo pueden coser con mayor precisión y control, sino que también pueden cambiar de puntada tocando una pantalla y programando sus propias configuraciones, o reproduciendo proyectos del pasado. Y desde un punto de vista práctico, se benefician de los botones rápidos para iniciar y detener, lifters de manos libres para hacer que el pie prensatela descienda y ascienda, y mecanismos automáticos para ensartar la aguja y cortar el hilo.

Las máquinas computarizadas contienen microchips y diversos motores internos que las hacen muy versátiles, aunque son considerablemente más caras que los modelos electrónicos estándar.

Sin embargo, el hecho de que sean un equipo tan avanzado para coser y bordar no significa que están por encima de la capacidad de un principiante. En realidad, es cuestión de cuánto uso pueda uno darle a una máquina tan versátil en cuanto a sus puntadas, fuentes y funciones.

Es maravilloso crear nuestros propios diseños con el software con que está equipada la máquina o poder comprarlos en sitios web o bajarlos de una computadora personal. Ahora las personas que cosen pueden trabajar en un nivel diferente que no puede compararse con lo que habríamos podido imaginar hace veinte o treinta años.

# AGUJAS, ALFILERES E INSTRUMENTOS PARA CORTAR

Las agujas para coser a mano se fabrican en una gran variedad de tamaños y grosores; sus números se relacionan con sus características. Decide cuál podría ser la mejor aguja para la tarea que vas a emprender, con la ayuda de la siguiente lista básica:

**1 Agujas con buena punta** – de largo mediano y buena punta, el ojo es redondo y se utiliza para coser con hilo estándar de algodón o de poliéster.

**2 Agujas para crewel o bordado** – es una aguja de buena punta como las número 1, pero el ojo es largo y de forma oval, como el de las agujas de tapicería; se usa con hilos más gruesos y para coser con varios hilos.

**3 Agujas de punta roma** – se usan para coser materiales tejidos; están diseñadas para no romper el estambre.

**4 Agujas intermedias** – son muy cortas y afiladas; su ojo es pequeño y redondo. Se usan para puntadas finas y para telas acolchadas.

**5 Agujas para sombreros** – son muy largas y delgadas, de ojo redondo; se usan para trabajo decorativo y adornos.

**6 Agujas para jareta** – son grandes, de punta roma, con un ojo muy grande para coser cordeles, elástico o listón y pretinas.

**7 Agujas para guantes o piel** – con filo, su punta tiene tres lados para penetrar la piel y el PVC sin rompimientos.

La mayoría de las agujas están recubiertas de níquel, aunque su calidad varía. Las agujas recubiertas de oro o platino no se decoloran ni se oxidan, pero obviamente son más caras. Consigue un alfiletero de esmeril; la arena que contiene actúa como abrasivo y pule las agujas y los alfileres cuando se introducen en él.

## Instrumentos para cortar (ver la página 10)

Invierte en las tijeras de más alta calidad que puedas conseguir y no permitas que nadie, incluyéndote a ti, las haga perder su filo cortando con ellas papel, tarjetas, cordones o cinta con pegamento. Busca tijeras que tengan un tornillo ajustable y no un remache y llévalas a afilar con un profesional de vez en cuando. En Internet pueden conseguirse tijeras para personas zurdas.

**Tijeras para modistas y sastres** – tienen mangos simétricos y hojas largas que cortan las telas con facilidad en un ángulo bajo sobre una superficie plana. Las tijeras de acero cromadas son las más durables, pero son relativamente pesadas. Hay versiones más ligeras de acero inoxidable con mangos de plástico de colores.

**Tijeras dentadas** – hacen un corte en zigzag, lo que da a la tela un acabado y evita que sea necesario hacer una costura.

**Tijeras para coser** – están equipadas con hojas de 15 cm, que es el tamaño más útil para tu trabajo. Los ojos (o dedales) para el pulgar y el índice son del mismo tamaño y se usan para cortar las costuras o darles un mejor acabado.

**Tijeras para bordar** – las usan las personas que bordan, y también para hacer cortes de precisión en otras artesanías relacionadas con la costura, como la tapicería y el trabajo con telas acolchadas. Sus hojas miden de 3 a 10 cm y sus puntas tienen tanto filo que es mejor guardarlas en un estuche.

**Tijeras para hilo** – tienen hojas con resortes que se abren en forma automática, lo que hace que sean prácticas y convenientes, y además son muy precisas. Son de acero y también se consiguen con un acabado de níquel, cromo o teflón. Sus hojas miden aproximadamente 11.5 cm.

**Descosedor** – como su nombre lo indica, es el instrumento ideal para abrir costuras y quitar las puntadas hechas con una máquina de coser. Debe usarse con cuidado porque podría cortar la tela cercana a la costura que uno quiere eliminar.

**Los alfileres** hechos de latón o acero templado no se oxidan; los más pequeños y más finos son ideales para las telas delicadas. Son más fáciles de ver y manejar los alfileres que tienen cabezas hechas de vidrio de color o de plástico. Ten a la mano un alfiletero grande y de base plana para tu trabajo general; también es útil tener un alfiletero pequeño como los que las modistas usan en la muñeca, cuando trabajes ajustando ropa o con accesorios.

# HILO

Escoge el hilo adecuado para la tela que vas a coser, de modo que al coserla y lavarla las costuras no se frunzan o se encojan, y que las fibras no se rompan.

El hilo de seda (un producto animal) es el ideal para coser telas de lana y seda. El hilo de algodón es adecuado para el lino, el algodón y el rayón (que son fibras vegetales); tiende a "dar de sí", de modo que es mejor usarlo en telas de tejido apretado. Por el contrario, los hilos de nylon (poliamida) y de poliéster se estiran y se recuperan tan bien que son adecuados para coser telas sintéticas y tejidas; el poliéster también es adecuado para coser telas de lana. El hilo para botones es útil como hilo para uso rudo, al coser botones y artesanías.

En lo que concierne a los colores, si no puedes encontrar un hilo que vaya exactamente con la tela, elije un tono más oscuro; si estás cosiendo una tela a cuadros, como las telas escocesas, elije un hilo que combine con el color principal de la tela.

Los hilos para coser se hilan como el estambre que usamos para tejer; es decir, torciendo dos o más fibras; cuanto más apretado sea el torcido, más terso y fuerte será el hilo. Un torcido flojo produce un hilo más suave y ligero, como el hilo de algodón para hilvanar, que se rompe con más facilidad.

El torcido va de izquierda a derecha (torcido S) o de derecha a izquierda (torcido Z).

El hilo para coser, al igual que las telas y el estambre para tejer, puede ser natural o de fabricación humana, o una combinación de ambos. El hilo de algodón puro ha sido remplazado en gran medida por poliéster recubierto de algodón, en el que la fibra interna de poliéster proporciona fuerza y elasticidad y la capa exterior de algodón mercerizado hace que el hilo sea suave y sea fácil trabajar con él.

Podemos comprar hilos hermosos de uso especializado como los de seda pura, de lino e incluso de oro, que solían usarse hace trescientos o cuatrocientos años. Sin embargo, los procesos modernos de fabricación nos han dado el rayón o "seda artificial" (1910), el nylon (1935), el poliéster (1941) y la fibra metal de aluminio (1946), a un costo mucho más módico. Además, los ingenieros textiles siguen diseñando y poniendo a prueba nuevos tipos de hilos para un mercado que siempre está en desarrollo, por ejemplo, en el campo de la ropa de trabajo, la ropa deportiva y de descanso.

Aunque la mayoría de los hilos modernos toleran la acción de las lavadoras, secadoras y máquinas de planchar, debes recordar que algunos hilos de rayón pueden encogerse si se lavan con agua caliente, y que los hilos de nylon y los hilos metálicos se derriten al contacto directo con una plancha caliente.

Si coses mucho a mano y quieres trabajar con rapidez y sin obstáculos, pasa el hilo por un bloque de cera de abeja (pág. 10) para impedir que se enrede o se deshilache. El tratamiento con cera es eficaz en condiciones de humedad alta y elimina la electricidad estática en fibras de rayón o de productos sintéticos similares.

> Al algodón mercerizado se le aplica un acabado para fibras vegetales. Se sumergen en hidróxido de sodio (sosa cáustica) lo que hace que aumenten de tamaño, pierdan la torsión y se encojan a lo largo. Al secarse, estas fibras son más fuertes, más brillantes y más fáciles de teñir.

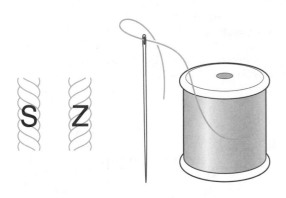

El hilo estándar para coser se hace con un torcido Z, lo que hace que sea compatible con el funcionamiento de las máquinas de coser que tienen punto cadena (pp. 16-17). El torcido también puede afectar la forma en que ensartas la aguja al coser a mano. Debes ensartarla usando el extremo libre del hilo como sale del carrete; así no sólo pasará por el ojo con más facilidad, sino que tampoco se enredará cuando estés cosiendo.

# TELAS

Las telas se fabrican con fibras naturales o con fibras de fabricación humana, que a menudo se mezclan para combinar sus mejores cualidades. Por ejemplo, las telas de poliéster y algodón son tan cómodas como las de algodón puro, pero se arrugan menos; y el calor de un abrigo de lana se complementa con las propiedades de resistencia del nailon.

## Telas tejidas

Existen tres tipos de tejido en el que se basan todas las telas tejidas: Simple, sarga o de ligamento cruzado, por ejemplo la sarga y el satín. Cada tipo de tela tiene diferentes propiedades. Si tienes planeado coser tu propia ropa, es una buena idea que comiences con un material firme y ligero, como el algodón de tejido simple.

**1 El tejido simple** es el tipo más sencillo; los hilos de la urdimbre (en vertical) pasan por encima y por debajo de cada uno de los hilos de la trama (en horizontal). La muselina, el percal (calicó) y la popelina son ejemplos de este tipo de tejido.

**2 La tela de ligamento cruzado o sarga** entrelaza los hilos de la urdimbre y la trama, pasando por dos o más hilos progresivamente. Esto produce un claro patrón diagonal en la superficie de telas resistentes como el dril, la gabardina o la mezclilla.

**3 El tejido de raso** presenta una superficie uniforme y compacta creada por trozos largos de urdimbre (por lo general de seda, algodón, acetato o rayón) que no permiten que la trama sea visible; lo inverso sería una tela mate. Si los trozos largos son de trama, la tela recibe el nombre de "satín". En ambos casos, la superficie brillante tiende a desgarrarse.

## La fibra

La fibra de una tela es la dirección en que están colocados los hilos de la trama y de la urdimbre. La urdimbre es horizontal, paralela al orillo (extremo de una pieza de tela que suele tener distinto aspecto que el resto); éste es el *grano longitudinal*. La trama sigue el *grano transversal*, en ángulo recto al grano longitudinal. Verifica el grano antes de utilizar un patrón de papel (págs. 20-21). En las prendas de ropa, por lo general el grano va de los hombros hacia el dobladillo; en las cortinas, debería ir a lo largo, de arriba abajo.

## El sesgo

El sesgo se encuentra a lo largo de cualquier línea diagonal entre el grano longitudinal y el grano transversal. El sesgo real está en un ángulo de 45 grados, donde se logra una extensión máxima. Las tiras de tela que se cortan de acuerdo al sesgo se usan como entretela y como bies alrededor del cuello y las mangas; también forman los ribetes de los adornos suaves para tapicería.

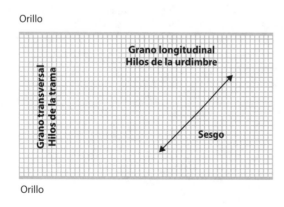

Orillo

**Grano longitudinal
Hilos de la urdimbre**

**Grano transversal
Hilos de la trama**

**Sesgo**

Orillo

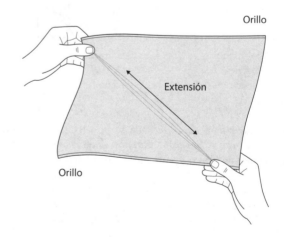

Orillo

Extensión

Orillo

El tejido Jacquard combina el tejido simple, el tejido tipo sarga y el tejido satín para producir damascos, brocados y "tapicería". Joseph Marie Jacquard inventó esta técnica en 1801 utilizando un telar que tejía patrones intrincados y se controlaba mediante una serie de tarjetas perforadas. Posteriormente, el revolucionario sistema de Jacquard inspiró al matemático Charles Babbage a desarrollar la primera computadora mecánica.

**El rasgado de las telas** – De los tres tipos de telas, la que se rasga con mayor facilidad es la de tejido simple, ya que sus hilos están muy juntos y no soportan la tensión al doblarse, extenderse o torcerse. El tejido simple se rasga en línea recta, siguiendo el grano.

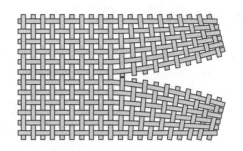

**Posibilidad de que las telas se encojan** – Cuanto más apretado sea el tejido, menos posibilidades hay de que la tela se encoja, durante la fabricación o después. La etiqueta te dirá si la tela es lavable o si sólo debe lavarse en tintorería. Si no es tela prelavada, debes lavarla antes de cortarla. Sumérgela en agua caliente durante 30 minutos, luego exprímela con cuidado, sécala y plánchala si es necesario.

## Telas de tejido de punto

El tejido de punto se hace entrelazando puntadas de bucle (loop stitch); esto significa que las orillas que se cortan no se desenredan y la tela no se pliega con facilidad. Estas telas no siempre son elásticas; un jersey firme o una tela tipo vellón (como las telas calientes con un acabado aterciopelado que se usan para abrigos o chamarras) es bastante estable. Por el contrario, las telas que contienen fibras spandex se extienden a lo largo y a lo ancho, lo que las hace perfectas para la ropa deportiva y la que se usa en la danza. Existen dos tipos principales de tejido de punto: tejido trama y tejido urdimbre (que en ocasiones se conoce como "raschel").

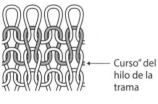

Curso" del hilo de la trama

Cadena vertical de puntadas (a lo largo de la urdimbre, como las franjas de la pana)

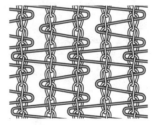

**1 La tela tejida a lo largo de la trama** se produce como el tejido hecho a mano, con lazos que se forman al trabajar con un estambre a lo largo de "cursos" o filas a todo lo ancho de la tela. Puede hacerse con una variedad de máquinas tejedoras industriales o domésticas, y se le puede dar forma en el proceso. El que se siga un "curso" al tejerla significa que el tejido puede deshacerse a partir de un extremo suelto.

**2 La tela hecha con cadenas verticales** se realiza mediante múltiples hilos de estambre que forman bucles en sentido vertical, creando columnas. Se hace con una máquina especial con el fin de producir una tela que se extiende muy poco y a la que no se le hacen carreras (como en las medias de nylon). Los productos típicos hechos con esta clase de telas son el tricot y la seda milanesa para lencería.

Entre los productos de tela con cadenas verticales están las camisetas, las cortinas de encaje y las mantas.

**Raschel** – Este tipo de tejido vertical (a lo largo de la urdimbre) tiene una construcción abierta que puede imitar al encaje y al crochet hecho a mano; tiene estambres pesados y texturizados sobrepuestos que se mantienen en su lugar con un estambre mucho más fino.

**Interlock** – Éste es un suave tejido vertical con puntadas que se entrelazan muy de cerca y que permiten que la tela se extienda; por lo general se usa en la fabricación de ropa interior de punto y de ropa casual.

# LA MÁQUINA DE COSER

El elemento más importante en cuanto al equipo necesario para la costura, es una máquina de coser de buena calidad. Puede ser una máquina de hierro fundido que sea un recuerdo de tu familia o el modelo computarizado más moderno. Te dará décadas de servicio siempre y cuando la uses adecuadamente y le des el mantenimiento que requiere.

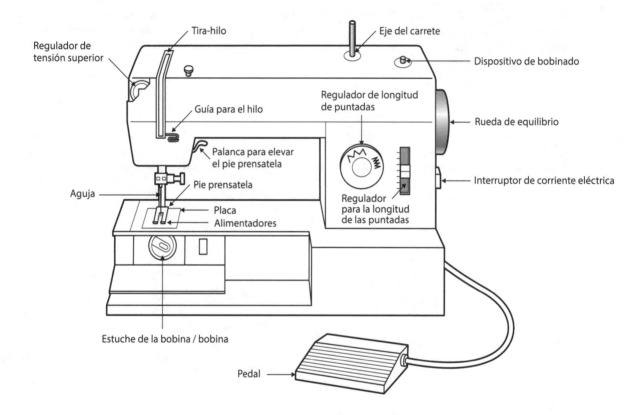

Puedes comprar una máquina de coser nueva o una de segunda mano, dependiendo del uso que pienses darle. Si eres principiante o sólo la usarás en algunas ocasiones, te conviene un modelo eléctrico básico, como el que se muestra en la ilustración; tiene un motor eléctrico que mueve la aguja, la bobina y los alimentadores y se controla mediante un pedal que determina la velocidad de la máquina para coser y la velocidad con que la tela se introduce en ella. Puede utilizar diferentes tamaños de puntadas rectas, dobladillos, costuras elásticas y en zig-zag, que se seleccionan moviendo una manecilla; también hace ojales y toda una gama de puntadas decorativas.

Las máquinas de coser computarizadas (*ver la foto de la contraportada*) se controlan con microchips y tienen varios motores internos, lo que hace que sean muy versátiles y mucho más caras. Se operan utilizando un teclado táctil y una pantalla de cristal líquido (LCD), y pueden o no contar con un pedal. Son máquinas sofisticadas que incluso te avisan cuando el hilo de la bobina se está acabando.

El hecho de que puedan memorizar y reproducir tareas que se han realizado en el pasado y ofrezcan cientos de puntadas distintas que se pueden descargar de una computadora personal, las convierte en la herramienta ideal para profesionales o semiprofesionales. Si planeas confeccionar muchas prendas de ropa, prestar servicios relacionados con alterar o reparar prendas; si deseas hacer trabajos de decoración de interiores o bordados complejos, vale la pena invertir en una máquina de coser computarizada.

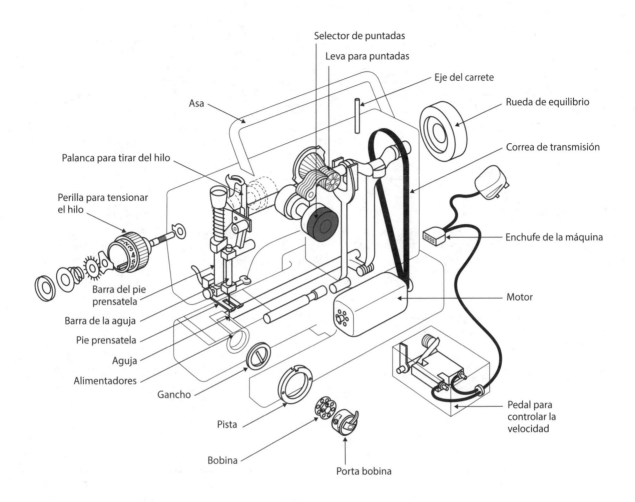

Selector de puntadas

Leva para puntadas

Eje del carrete

Rueda de equilibrio

Asa

Correa de transmisión

Palanca para tirar del hilo

Perilla para tensionar
el hilo

Enchufe de la máquina

Barra del pie
prensatela

Motor

Barra de la aguja

Pie prensatela

Aguja

Alimentadores

Gancho

Pista

Pedal para
controlar la
velocidad

Bobina

Porta bobina

Prepara una lista de las características que deseas. ¿Necesitas un estuche para transportar la máquina de coser o la vas a tener siempre sobre una mesa? ¿Prefieres un modelo con control manual en lugar de con pedal? ¿Te gustaría una máquina plana convertible que también tuviera un brazo móvil para que sea fácil coser mangas?

Éstos son algunos requisitos básicos: Un buen manual de instrucciones; que la estructura de la máquina sea resistente; que la bobina sea fácil de manejar; que la aguja se pueda enhebrar directamente; que el cambio de agujas sea fácil; que la tensión y la presión sean ajustables; que tenga un control para hacer puntadas en reversa; que cuente con un control de velocidad variable, incluyendo un avance muy lento; que pueda coser varias capas de material grueso sin detenerse; que la placa de la aguja tenga una marca para el margen de la costura; que tenga una luz sobre el área de la aguja; que cuente con cortador de hilo; que requiera un mínimo de aceite, o que no requiera aceitarse en absoluto.

**Valdría la pena considerar la adquisición de una máquina Overlock (serger) si uno planea dedicarse a la confección de prendas de vestir a gran escala. Estas máquinas se usan ampliamente en la industria; combinan las funciones de una máquina, hacen arreglos y recortan costuras en una sola operación. Las máquinas Overlock trabajan con dos, tres o cuatro hilos y producen puntadas con vueltas arriba y abajo del borde de la tela; al mismo tiempo, un cortador filoso elimina el exceso de material.**

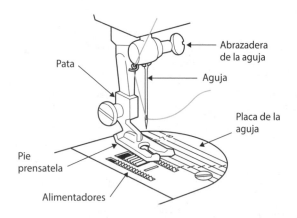

## Aguja, pie prensatela, alimentadores, placa de la aguja

Las agujas de uso general para máquinas de coser vienen en diversos tamaños, del 60 al 120 (8-19). Las más finas cosen materiales delicados y las más gruesas pueden coser telas burdas como la mezclilla. Usa una aguja de punta redondeada para tejidos de punto o telas extensibles. A la larga, las agujas se despuntan o se rompen, así que debes tener varias de repuesto y debes cambiarlas con frecuencia. El pie prensatela mantiene la tela contra los alimentadores, mientras la aguja hace la puntada. Los alimentadores tienen piezas pequeñas de metal que hacen que la tela se mueva del frente hacia atrás a medida que se dan las puntadas. La placa de la aguja está sobre los alimentadores, cubre la bobina y tiene un orificio a través del cual pasa la aguja.

## Patas de la máquina

La pata del pie prensatela (como se puede ver en la pata para puntadas rectas, abajo) se une a la máquina con un tornillo sencillo; las máquinas más nuevas tienen patas que se ajustan mediante presión, lo que ahorra tiempo. Existe una gran variedad de patas intercambiables, al menos una para cada función de puntada. Éstas son cinco clases de patas que sería útil tener:

    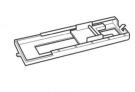

**1 Puntada recta** – El pie prensatela para propósitos generales viene listo para usarse en la mayoría de las máquinas de coser.

**2 Zigzag** – Tiene una ranura horizontal que permite el movimiento de la aguja al formar el zigzag con el hilo.

**3 Zíper** – Se usa para introducir sujetadores de zíper y ribetes, y llega a cualquier lugar donde la línea de la puntada deba entrar. El pie puede deslizarse a la izquierda o a la derecha, y la aguja actúa en la pequeña muesca que está entre el pie y el zíper.

**4 Telas acolchadas** – Usa los dientes para alimentar las capas superiores e inferiores de la tela de modo que vayan juntas y parejas, y evitar que se amontonen. Es ideal para el vinilo, el terciopelo, la tela escocesa y las telas que tienden a deslizarse o extenderse.

**5 Pieza para hacer ojales** – Se coloca el botón en la pieza, detrás de la aguja, y al hacerse las puntadas se crea el ojal del tamaño adecuado.

## Cuidado general y mantenimiento

Cuando no están en uso, todas las máquinas deben estar cubiertas: El polvo es un enemigo peligroso. Deben limpiarse regularmente con un cepillo pequeño bajo los alimentadoresy alrededor de la bobina; te sorprenderá ver la cantidad de pelusa que se acumula ahí. Sólo debes aceitar la máquina de acuerdo a las instrucciones del fabricante y después límpiala con una tela de algodón para eliminar el exceso de aceite. Evita que las agujas se doblen o se rompan, elevando bien la aguja antes de sacar la tela y no la muevas mientras se hacen las puntadas. Coser con una aguja doblada hará que golpee el pie o la needle plate placa de la aguja y se rompa. Siempre debes subir el pie prensatela cuando coloques el hilo en la máquina y bajarlo cuando termines tu trabajo. El pedal es parte del circuito eléctrico y debes tratarlo con cuidado. Ante todo, desconecta el interruptor antes de desconectar cualquier enchufe o intentar limpiar o reparar la máquina.

Trabaja en una mesa que tenga la altura correcta para tu comodidad y si es posible usa una silla ajustable. Si estás frente a una ventana tendrás la mejor iluminación durante el día. Puedes usar una luz colgante, una lámpara estándar o una lámpara de escritorio para dirigir la luz adicional hacia donde la necesites; consigue focos o bombillas de luz natural o de luz de halógeno para lograr un efecto más natural.

# PATRONES DE PAPEL

## Cómo tomar medidas

**1 Altura** – Estando de pie contra una pared, mide de la coronilla de la cabeza hasta el suelo.

**2 Busto o pecho** – Mide alrededor de la parte más gruesa.

**3 Cintura** – Mide alrededor de la línea natural de la cintura; no ajustes la cinta al hacerlo.

**4 Cadera** – Mide alrededor de la parte más gruesa.

**5 Hombros** – Mide por la espalda del punto de un hombro al otro.

**6 Largo de la espalda hasta la cintura** – Mide de la nuca hasta la cintura.

**7 Largo de la manga** – Mide del centro de la parte trasera del cuello, sobre el hombro y hacia abajo, con el brazo ligeramente doblado hasta la muñeca.

**8 Torso** – Mide del centro del hombro, hasta la entrepierna, y de nuevo hasta el hombro.

**9 Interior de la pierna** – Mide desde la entrepierna hasta el empeine por la parte interior de la pierna.

**10 Cabeza** – Mide alrededor de la parte más ancha, alrededor de la frente.

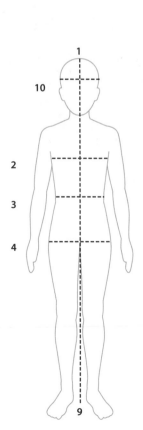
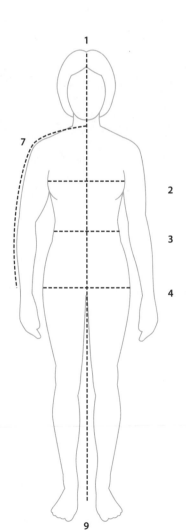
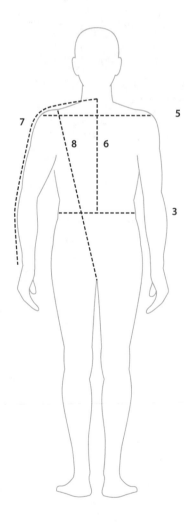

## Anatomía de un patrón de papel

Puedes adquirir patrones de papel muy completos que generalmente vienen dentro de un sobre; en la parte frontal del modelo se muestra una ilustración a color de la prenda de vestir, mientras que en la parte de atrás se proporciona la información esencial que puede ser presentada de la siguiente manera:

Medidas corporales y tabla de tallas →

| TALLAS | 8 | 10 | 12 | 14 | 16 | 18 | 20 | 22 | 24 |
|---|---|---|---|---|---|---|---|---|---|
| Busto | 80 | 83 | 87 | 92 | 97 | 102 | 107 | 112 | 117 |
| Cintura | 61 | 64 | 67 | 71 | 76 | 81 | 87 | 94 | 99 |
| Cadera | 85 | 88 | 92 | 97 | 102 | 107 | 112 | 117 | 122 |

| | | | | | | | | | |
|---|---|---|---|---|---|---|---|---|---|
| Poitrine | 80 | 83 | 87 | 92 | 97 | 102 | 107 | 112 | 117 |
| Taille | 61 | 64 | 67 | 71 | 76 | 81 | 87 | 94 | 99 |
| Hanches | 85 | 88 | 92 | 97 | 102 | 107 | 112 | 117 | 122 |

Estilo número → **X852**  **FÁCIL/FACILE**

Descripción de la ropa → **BLUSA, FALDA Y PANTALONES DE MUJER:** A blusa cerrada con cuello, entretela al frente, bolsas y bordes sin terminar; B falda recta y C pantalón con cinturón elástico oculto 2.5 cm. bajo la cintura.
Conceptos → **CONCEPTOS: Falda B, Pantalón C:** 1.5 m de elástico de 2.5 cm.
Telas que se sugieren → **TELAS:** Sólo tejidos de elasticidad moderada:
Jersey de lana ligera, tejido de algodón e Interlock.
No es apropiado para telas con diseños diagonales obvios, cuadros o rayas.
Utilizar telas con lanilla (como el terciopelo)/diseños de tela gruesa, sombreados o telas con diseños en un solo sentido. *con lanilla **sin lanilla.

**Combinaciones:** BB(8-10-12-14), F5 (16-18-20-22-24)

**TUNIQUE, JUPE ET PANTALON (J. femme):** Tunique à passer par la tête A avec col, parementure devant, poches et bord sans finition. Jupe B et pantalon C droits à 2.5 cm au-dessous de la taille, avec ligne de taille élastiquée cachée.
**MERCERIE: Jupe B, Pantalon C:** 1.4 m d'Elastique (2.5 cm).
**TISSUS: Uniquement pour tricot à elasticité moyenne:** jersey de laine fin, Tricot de coton et interlock. Rayures/grandes diagonales/écossais ne conviennent pas. Compte non tenu des raccords de rayures/carreaux. *avec sens. **sans sens.
**Séries:** BB(8-10-12-14), F5(16-18-20-22-24)

**Séries:** BB(8-10-12-14), F5 (16-18-20-22-24)

| TALLAS | 8 | 10 | 12 | 14 | 16 | 18 | 20 | 22 | 24 |
|---|---|---|---|---|---|---|---|---|---|
| BLUSA A | | | | | | | | | |
| 150 cm* | 1.9 | 2.0 | 2.0 | 2.0 | 2.0 | 2.0 | 2.0 | 2.0 | 2.1 |
| FALDA B | | | | | | | | | |
| 150 cm*, 0.8 m | | | | | | | | | |
| PANTALÓN C | | | | | | | | | |
| 150 cm* | 1.2 | 1.2 | 1.2 | 1.2 | 1.3 | 1.4 | 2.0 | 2.0 | 2.1 |

| TAILLES | 8 | 10 | 12 | 14 | 16 | 18 | 20 | 22 | 24 |
|---|---|---|---|---|---|---|---|---|---|
| TUNIQUE A | | | | | | | | | |
| 150 cm* | 1.9 | 2.0 | 2.0 | 2.0 | 2.0 | 2.0 | 2.0 | 2.0 | 2.1 |
| JUPE B | | | | | | | | | |
| 150 cm*, 0.8 m | | | | | | | | | |
| PANTALON C | | | | | | | | | |
| 150 cm* | 1.2 | 1.2 | 1.2 | 1.2 | 1.3 | 1.4 | 2.0 | 2.0 | 2.1 |

Medidas de la prenda terminada →

**Ancho, extremo inferior**

| | | | | | | | | | |
|---|---|---|---|---|---|---|---|---|---|
| Blusa A | 146 | 149 | 152 | 157 | 163 | 168 | 173 | 178 | 183 |
| Falda B | 87 | 89 | 98 | 98 | 103 | 108 | 113 | 118 | 123 |

**Largeur, à l'ourlet**

| | | | | | | | | | |
|---|---|---|---|---|---|---|---|---|---|
| Tunique A | 146 | 149 | 152 | 157 | 163 | 168 | 173 | 178 | 183 |
| Jupe B | 87 | 89 | 98 | 98 | 103 | 108 | 113 | 118 | 123 |

Equivalencias métricas →

**Ancho, cada pierna**

| | | | | | | | | | |
|---|---|---|---|---|---|---|---|---|---|
| Pantalón C | 42 | 43 | 45 | 46 | 47 | 48 | 50 | 51 | 52 |

**Largeur, chaque jambe**

| | | | | | | | | | |
|---|---|---|---|---|---|---|---|---|---|
| Pantalon C | 42 | 43 | 45 | 46 | 47 | 48 | 50 | 51 | 52 |

**Largo parte trasera, desde la base hasta el cuello**

| | | | | | | | | | |
|---|---|---|---|---|---|---|---|---|---|
| Blusa A | 76 | 76 | 77 | 78 | 78 | 79 | 80 | 80 | 81 |

**Longueur – dos, votre nuque à ourlet**

| | | | | | | | | | |
|---|---|---|---|---|---|---|---|---|---|
| Tunique A | 76 | 76 | 77 | 78 | 78 | 79 | 80 | 80 | 81 |

**Largo parte trasera desde la cintura**
Falda B, 66 cm

**Longueur –dos, taille à ourlet**
Jupe B, 66 cm

**Largo de un lado desde la cintura**
Pantalón C, 107 cm

**Longueur – côté, taille à ourlet**
Pantalon C, 107 cm

Vista de la prenda →

Frente Atrás   Frente Atrás   Frente Atrás
A    A    B  B    C  C

Dentro del sobre encontrarás no sólo los patrones impresos, sino también una hoja con información muy importante. Esta hoja es una breve guía sobre la manera de coser estas prendas; proporciona instrucciones generales y explicaciones sobre las marcas que aparecen en los patrones, sobre la forma de cortar la tela, sobre la forma de prepararla, un glosario de términos, e instrucciones paso a paso sobre la forma de coser estas prendas.

A continuación se muestran patrones primarios para cortar. Las telas se fabrican con anchos estándar: Las telas de algodón para vestidos miden de 91 a 115 cm; las telas de poliéster, de lana y de tapicería miden de 137 a 152 cm. Se proporcionan diferentes patrones para cada ancho de tela, tomando en cuenta el hecho de que la tela podría tener lanilla, como el terciopelo. Se incluyen patrones para entretelas y forros. La información en general es completa y precisa.

Si estás trabajando con una tela estampada a cuadros, rayas largas o diseños que se repiten, tal vez no puedas cortar el patrón economizando tela, y es probable que necesites comprar tela extra para que las costuras y aperturas queden bien. La cantidad adicional debe mencionarse en el patrón; si no se menciona, pide el consejo del vendedor o vendedora de la tienda.

## Cómo cortar patrones

Los moldes de papel se colocan a lo largo del grano de la tela (págs. 14-15) y se fijan con alfileres. La tela normalmente se pone doble, pero si un molde no necesita cortarse doble o debe cortarse en forma transversal a la tela, el patrón deberá indicarlo. Es fácil distinguir el revés de la tela por el tono de los colores.

Al fijar los moldes con alfileres a la tela, debes tener mucho cuidado de que el estampado (por ejemplo, el de cuadros, rayas u otras figuras) o las sedas o tafetas tornasoladas, combinen bien. Las telas tornasoladas tienen trama y urdimbre de dos colores diferentes, de modo que la tela parece cambiar de color dependiendo del ángulo.

Si tienes que hacer marcas en la tela, por ejemplo para señalar el lugar de los ojales, utiliza la tiza (gis) que usan los sastres (pág. 10) o cualquier marcador de telas que puedas conseguir. Algunos tienen tinta soluble al agua y se desvanecen después de uno o dos días; siempre sigue las instrucciones de uso que acompañan a los marcadores. No es recomendable usar este tipo de marcadores en telas que no son lavables y que son sólo de tintorería.

Las muescas que aparecen en los moldes de papel pueden cortarse o dejar que salgan en los bordes de la tela, o pueden incluirse como parte de la tela que se deja para las costuras.

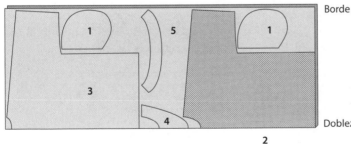

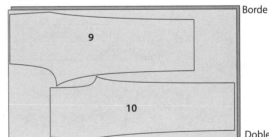

# ACCESORIOS

Los accesorios son los artículos adicionales que se necesitan para confeccionar una prenda, además de la tela en sí. A continuación aparecen algunos accesorios típicos. Consíguelos cuando compres la tela para asegurarte de que tengas los colores adecuados.

A  **Hilo**

B  **Bies**

C  **Elástico**

D  **Listón y encaje**

E  **Botones**

F  **Zíper**

G  **Broches de presión**

H  **Broches de gancho**

I  **Velcro**

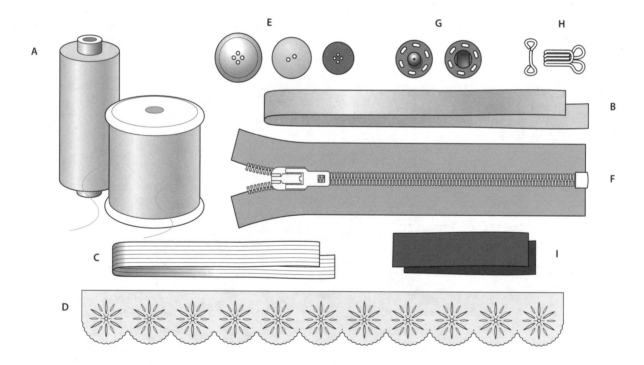

# SEGUNDA PARTE

# MÉTODOS Y TÉCNICAS PARA COSER A MANO

## CÓMO ENSARTAR UNA AGUJA

Si se te dificulta ensartar (enhebrar) una aguja para coser a mano, intenta usar el enhebrador de agujas que se proporciona en los estuches de costura, o puedes comprar uno en una mercería.

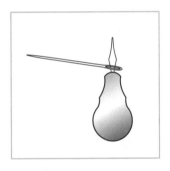

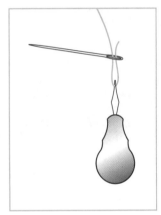

**3** Pasa el alambre y el hilo por el ojo de la aguja. Retira el alambre pasándolo por el extremo más corto del hilo, hasta que lo único que quede en el ojo de la aguja sea el hilo y el alambre haya quedado libre.

**1** Sostén el mango del enhebrador entre el pulgar y el índice, desliza el alambre por el ojo de la aguja.

**2** Coloca el hilo en el alambre.

# Puntadas rectas

## Hilván

Mantiene la tela en posición hasta que la costura final se realiza. Es similar a la puntada de bastilla, pero es más larga. Empieza con un nudo que luego cortas, cuando llegue el momento de retirar el hilván.

## Puntada de bastilla

Es la puntada básica y la más sencilla, se usa para unir costuras y para hacer frunces. Primero sujeta el hilo con dos puntadas pequeñas en el mismo lugar. Con la aguja al frente, hazla entrar y salir de la tela una y otra vez, ininterrumpidamente. Las puntadas y los espacios entre las puntadas deben ser del mismo tamaño. Remátala con un punto atrás al final.

## Punto atrás

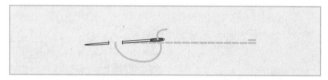

Esta puntada se parece a las que hace una máquina de coser. Empieza de la misma forma en que empezaste la puntada de bastilla y luego haz una puntada hacia atrás en el espacio que sigue a la última puntada que hiciste. Repite esto moviendo la aguja hacia atrás, hasta el punto donde terminó la puntada anterior.

## Punto de festón

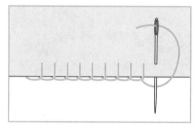

Se usa para dar acabado a los bordes de la tela. Sujeta el hilo con un nudo y mueve la aguja hacia el frente. Saca el hilo a la superficie de la tela, al principio de la línea de la costura. Sujeta el hilo bajo la línea y moviéndolo hacia ti, da una puntada a través de la tela de derecha a izquierda y saca la aguja en la línea. Dentro del lazo del hilo. Luego sujeta el hilo bajo la línea y da una puntada de derecha a izquierda otra vez.

# CÓMO UNIR UNA COSTURA ABIERTA

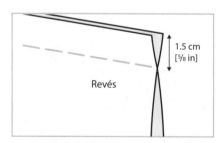

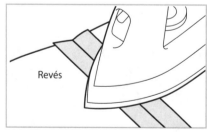

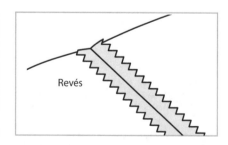

**1** Fija los lados de la tela con alfileres y con hilvanes antes de unirlos con puntada de bastilla o con punto atrás, dejando una orilla de 1.5 cm desde la orilla de la tela. Este espacio se llama margen de la costura.

**2** Coloca los lados de la tela sobre una superficie plana y plancha el margen de la costura.

**3** Si es necesario, usa unas tijeras dentadas para arreglar los bordes de la tela y evitar que se deshilachen. También puedes usar el punto de festón en las orillas o puedes reforzarlo con una costura doble (pág. 26).

# CÓMO HACER UNA COSTURA CERRADA

Las costuras cerradas, como la costura francesa, encierran los márgenes de la costura para que no queden bordes visibles. Conviene hacerlas en prendas de vestir que no van forradas, en lencería y en telas finas que tienden a deshilacharse. La puntada doble es resistente al uso y al lavado frecuente.

### Cómo hacer una costura francesa a mano

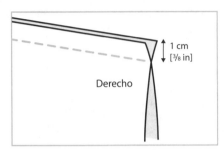

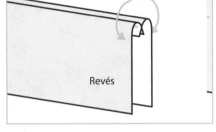

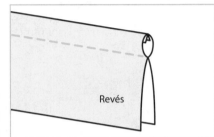

**1** Prende con alfileres e hilvana el revés de las telas que haya que unir, con las caras del revés juntas, antes de hacer una línea de hilván o puntada de bastilla a un centímetro del borde de la tela.

**2** Corta ambos bordes del margen de la tela a una distancia de 3 mm y dobla el derecho de la tela a lo largo de la línea de costura. Plancha la costura a lo largo del doblez, ocultando el margen de la costura.

**3** Haz una segunda línea de puntadas a 6 mm del doblez, y plancha la costura terminada hacia un lado.

# CURVAS Y ESQUINAS

### Cómo cortar curvas exteriores e interiores

Como es natural, las costuras curvas tienen márgenes curvos en los que deben hacerse cortes para que se extiendan o se traslapen limpiamente y queden planos.

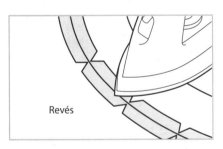

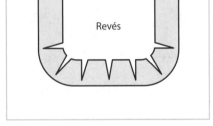

En los cuellos, las sisas y las bolsas hay curvas que deben cortarse. Si tienes que cortar hasta la línea de la costura, ten cuidado de no cortar la puntada en sí. Si es necesario, usa después la punta de la plancha para que el margen de la tela se abra en la curva; puedes usar una almohadilla firme que actúa como un molde curvo para planchar áreas curvas en la ropa (pág. 10) o una almohadilla con una apertura lateral en la que puedes meter la mano. Es de lana por un lado y de algodón por el otro.

Los cortes sencillos a intervalos regulares podrían ser suficientes para unir telas de seda o algodón, pero para evitar que las telas más gruesas tengan bordes abultados, haz cortes en forma de cuña en los márgenes de la tela y elimina por completo el exceso de material.

### Cómo cortar esquinas

Lo mismo se aplica a las esquinas, por ejemplo en la parte inferior de una bolsa o en los extremos de una pretina. Corta y elimina el exceso de tela tan cerca de las puntadas como sea posible para que la esquina quede precisa y en ángulo recto. Ayúdate usando un gancho de crochet o una aguja de tejer; pero no uses nada que tenga filo y pueda dañar la tela.

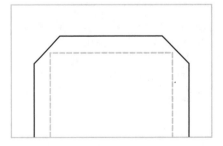

# PARA REMENDAR

## Usa puntadas rectas

Para remendar costuras y pretinas se usa la puntada de bastilla o el punto atrás. Las costuras cruzadas, como el punto donde se unen cuatro piezas de tela, como en la entrepierna de un pantalón o la sisa de una blusa, necesitan repararse con frecuencia y para hacerlo debes voltear la prenda al revés para poder ver las puntadas rotas y remendarlas. Empieza y termina un centímetro antes y después de la rotura, donde las puntadas todavía están bien. La costura superior de una pretina o de una costura falsa sobrecosida y plana (pág. 45) puedes remendarla fácilmente por el derecho de la prenda. Siempre remata con punto atrás el hilo del remiendo al principio y al final; los nudos son innecesarios pues tensan los hilos y pueden verse en la prenda cuando se plancha.

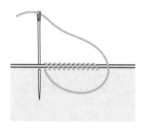

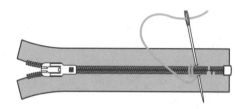

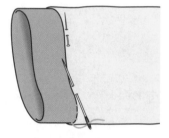

## Sobrecosido

Se usa para unir dos bordes, por ejemplo cuando se remienda una rotura, o cuando se hace un cinturón o se cose una tira de tela a una prenda. Primero fija el hilo con dos puntadas pequeñas en el lugar donde se necesita coser y continúa con puntadas diagonales a espacios del mismo tamaño. Esta puntada puede hacerse de izquierda a derecha o viceversa.

## Sobrecosido en un zíper roto

Si los dientes del zíper que se rompieron están cerca de la parte inferior del zíper, puedes remendarlo subiendo el deslizador por encima de la rotura y cosiendo de un lado a otro de las filas de dientes.

## Puntada invisible

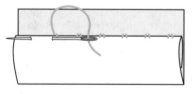

Se usa para coser un borde doblado a una superficie plana sin que se vean las puntadas. Sujeta unos cuantos hilos de la tela con tu aguja, coloca el doblez y deslízalo hacia dentro un centímetro antes de volver a sacar la aguja para dar la siguiente puntada.

## Cómo reparar el forro de una manga

La puntada invisible es ideal para reparar el forro del puño de una manga. Si se rompió por el uso, el forro puede descoserse alrededor de la parte interior y voltearse para ocultar la sección rota. Haz un nuevo doblez, fíjalo con alfileres y vuelve a coser el forro.

# CÓMO USAR UN MEDIDOR DE PUNTADAS

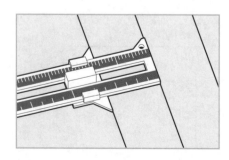

Éste es un medidor de 15 cm equipado con un marcador que se desliza y permite que lo ajustes a una medida fija. Úsalo para asegurarte de que el espacio de la costura o el dobladillo se mantienen del mismo tamaño, o para medir pliegues y ojales con precisión.

# DOBLADILLOS

## Cómo hacer el dobladillo

Los dobladillos o bastillas con frecuencia se hacen a mano, aunque el resto de la prenda se cosa a máquina.

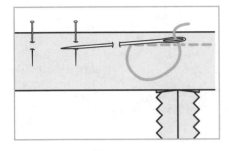

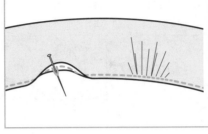

**1** Deja la prenda colgada durante un día antes de fijar el dobladillo con alfileres, luego hilvana el borde inferior y dobla la orilla de modo que esté lista para coserse. Si la tela se deshilacha o es demasiado gruesa, cose una cinta al derecho de la tela y haz la puntada de bastilla en ella. (pág. 30).

**2** En una bastilla acampanada o circular, asegura su buen acabado con puntada de bastilla. Forma pliegues usando alfileres, luego hilvana preparando así la bastilla para coserla. Otra alternativa es colocar un bies (pág. 30) después de hacer los pliegues.

**3** Al hacer bastillas en telas de lana, conviene usar una plancha de vapor para reducir el grosor de la bastilla. Usa una tela o papel grueso para evitar rugosidad en la parte frontal de la tela. Plancha suavemente levantando la plancha, no deslizándola sobre la tela húmeda.

## Puntada de bastilla o dobladillo

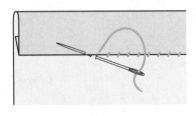

La segunda vuelta de la bastilla debe ser más angosta que la primera, aproximadamente de 7 a 10 mm. Fija el hilo con dos puntadas pequeñas en la orilla de este doblez. Empieza a coser la bastilla tomando dos o tres hilos de la tela principal antes de pasar la aguja para tomar el doblez. Esta puntada puede hacerse hacia la derecha o hacia la izquierda.

## Puntada invisible en las bastillas

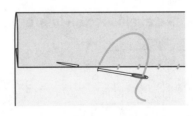

Es parecida a la puntada invisible (pág. 26). Toma unos hilos de la tela con la aguja, entra al doblez por el interior a un centímetro de distancia antes de sacar la aguja para hacer la siguiente puntada.

## Bastilla plana con espiguilla

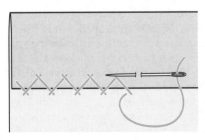

Fija las bastillas en telas gruesas que no se deshilachan y en las que no se hace un segundo doblez. Básicamente es un punto de cruz grande que se forma con punto atrás en cada capa de la tela.

## Bastilla redonda

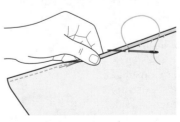

Para telas delicadas, primero cose a lo largo de una bastilla marcada con una aguja fina. Recorta a 5 mm de esa línea y, con el pulgar y el índice, empieza a redondear el borde sobre la puntada. Introduce tu aguja en el rollo, toma uno o dos hilos de la tela y desliza la aguja de nuevo al interior del rollo. Después de varias puntadas tira del hilo para reafirmar el rollo.

# PRETINAS

Una pretina es un tubo para un resorte (elástico), cordón o listón. Se usan pretinas en la cintura de un vestido, para colocar bandas elásticas y en bolsas. En la decoración de interiores se necesitan pretinas en las cortinas. Si la pretina es suficientemente ancha, puedes hacerle una segunda línea de puntadas para introducir la varilla y crear una sección superior plegada para la cortina.

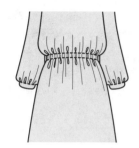

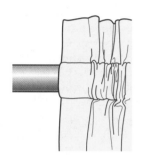

## Cómo hacer una pretina

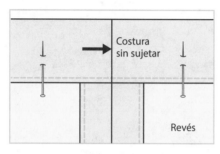

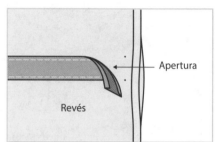

**1** Dobla la tela, como para hacer un dobladillo. Fíjala con alfileres. Si la vas a coser a mano, usa punto atrás para darle fuerza porque una pretina debe ser muy resistente. Para dejar un espacio para que entre un cordón (por ejemplo, en una bolsa) no sujetes las costuras laterales sobre la línea horizontal de puntadas; haz que la tela de este espacio quede doblada hacia dentro.

**2** También puedes crear un canal con una cinta recta. Si la coses en el revés de la tela, debe ser un poco más ancha que el elástico, listón o cuerda que va a pasar a través de ella. Deja espacios sin costura para introducir el elástico, el listón o la cuerda, pero cuando los cierres ten cuidado de no bloquear el canal.

## Cómo introducir la cinta o el elástico en la pretina

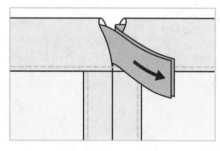

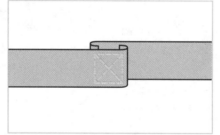

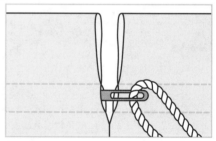

**1** Calcula cuánto elástico necesitas extendiéndolo alrededor de la cintura, la muñeca, etc., e incluye un trozo adicional para ajustes y costuras en los extremos. Será más corto que la pretina, así que debes sujetarlo con un alfiler de seguridad antes de introducirlo en la pretina; la pretina se fruncirá a medida que la haces. Empareja los extremos afuera de la pretina cuando termines de meter el elástico, junta los extremos con alfileres y verifica que la medida sea correcta.

**2** Corta el exceso si es necesario, luego une el elástico como se muestra en la ilustración, a menos que sea muy delgado y no puedas doblarlo. Forma un cuadrado y una cruz con puntadas para que la costura quede firme. Ahora, la banda de la cintura, el puño, etc., puede cerrarse.

**3** Para colocar un cordón que pueda jalarse en dos direcciones, compra suficiente cordón para que pase dos veces alrededor de la parte superior de una bolsa, dejando aproximadamente 30 cm adicionales. La pretina debe tener un espacio en la costura de cada lado. Corta la cuerda a la mitad y con una aguja de jareta introduce cada mitad alrededor de la pretina, empezando y terminando en los lados opuestos. Ata bien con un nudo los extremos de la cuerda; jala los dos al mismo tiempo para cerrar la bolsa.

# PROYECTO: UNA BOLSITA PARA REGALOS CON CORDÓN AJUSTABLE

Esta bolsita mide 10 x 18 cm y puede coserse a mano, usando organdí y listones; es una bolsita para dar regalos en fiestas, bodas o bautizos. En esta clase de bolsitas de muselina o tela fina de algodón, puedes guardar un *sachet* de lavanda o madera aromática de cedro y ponerlo en un armario o en un cajón. Este mismo patrón puede usarse para hacer una bolsa más grande para la ropa, para zapatos o para juguetes, usando la tela adecuada.

Para hacer la bolsita necesitas:

- Trozo de organdí de 13 x 46 cm.
- Trozo de listón de seda, satín o nylon de 25 cm de largo y 15 mm de ancho para colocar en la pretina externa
- 65 cm de un listón de 7 mm de ancho que combine, pera usarlo como cordón ajustable. También puedes usar un cordón delgado de seda del mismo tamaño.

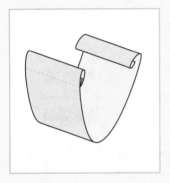 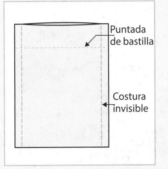  

Puntada de bastilla

Costura invisible

Dobla los extremos hacia abajo

Pretina de listón

Apertura lateral

Nudos en los extremos

**1** Haz un doblez de 5 cm en cada extremo de la tela y haz un dobladillo como se explica en la página 27. Después, dobla la tela a la mitad, dejando el revés de la tela por dentro.

**2** Haz una costura invisible a cada lado de la bolsa, siguiendo las instrucciones de la página 25. Después de hacer la costura invisible, voltea la bolsa al derecho; está lista para colocar la pretina de listón en la superficie externa.

**3** Corta el listón de la pretina a la mitad. Toma una parte, dobla los extremos y fíjalo con alfileres a lo largo de la bolsa, ocultando la línea de puntadas de bastilla. Crea un canal con puntadas pequeñas y parejas (página 24) a lo largo del borde. Repite esto con el resto del listón del otro lado de la bolsa.

**4** Habrá una apertura angosta en la pretina a cada lado de la bolsa, emparéjala con puntadas laterales. Corta el cordón ajustable o el listón a la mitad y usa una aguja de jareta o un alfiler de seguridad pequeño para introducirlo en la pretina (ver las instrucciones en la página anterior). Amarra los extremos. Con el resto del listón o la cuerda, repite el procedimiento en el lado opuesto.

Coloca el regalo en la bolsa y ciérrala con el listón. Antes de llenar la bolsa, tal vez quieras adornarla de diversas formas, como con bordados, cintas o cuentas.

# BIES Y CINTAS

Existen dos tipos de cintas y bies, y pueden conseguirse en diferentes materiales, desde sarga para uso rudo hasta redecillas de nylon.

## Cinta recta

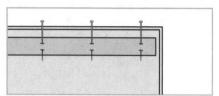

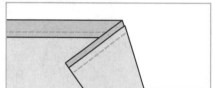

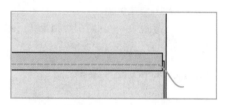

**1** Se usa la cinta recta para reforzar las puntadas en costuras donde puede haber demasiada tensión en el hilo de la costura, como en los hombros y la cintura. La cinta se sujeta con alfileres sobre la línea de costura para que las puntadas pasen por un total de tres capas de material.

**2** Cuando se hace la costura, el margen se recorta cerca de la línea de costura sin cortar la cinta.

**3** La cinta recta también es útil para reforzar las bastillas. Si el material es grueso o se deshilacha, cósele una cinta por el derecho de la tela en el borde que no tiene dobladillo y úsalo como borde para la bastilla.

## Uso del Bies

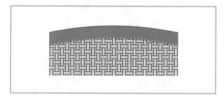

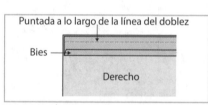

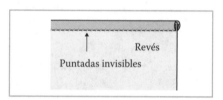

**1** El bies es un trozo de tela cortado en sesgo y sigue los contornos de cualquier costura. Se usa para cubrir bordes que se deshilachan, especialmente en telas gruesas y en artículos acolchados que no se pueden doblar para hacer una bastilla.

**2** Coloca la mitad del bies abierto, emparéjalo con el borde de la tela por el derecho y cóselo a lo largo de la línea del doblez del bies (si quieres hacerlo rápido, podrías usar una máquina de coser para hacer esto).

**3** Dobla el bies sobre el borde hasta la línea de puntadas por el revés de la tela. Haz puntadas invisibles por el revés. Cose con puntada invisible a lo largo del doblez del bies.

## Bies como decoración

A menudo se usa el bies en forma decorativa y puede conseguirse en muchos colores y diseños. Hay bies con acabado de satín o con acabado mate y también hay bies de muchos anchos. Si quiere ser muy original, puedes hacer tu propio bies con cualquier tela, teniendo cuidado de cortarlo en sesgo con un ángulo de 45 grados. Para usarlo como una cinta de doble doblez, debes cortar la cinta con un ancho que sea el cuádruple del ancho que planeas que tenga al terminar de coserlo.

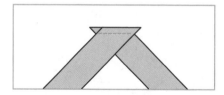

**1** Para unir las tiras de tela, cose a lo largo de la trama recta teniendo las tiras de bies en ángulo recto. Plancha la costura de modo que después quede abierta y plana.

**2** Al colocar un bies en el borde de un babero de niño no sólo se resuelve el problema de hacer un dobladillo con una tela tipo toalla, sino que el bies puede usarse para formar una cintilla en el cuello.

# PLIEGUES Y PLISADOS

Tanto los pliegues como los plisados están diseñados para manejar la amplitud de la tela.

## Pliegues

Las pretinas (pág. 28) son una forma de hacer pliegues, por ejemplo en las cortinas y volantes, pero también necesitamos arreglar pliegues permanentes, por ejemplo, en una falda plegada o en una manga abombada.

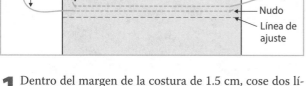
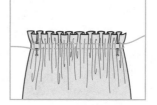
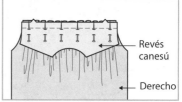

**1** Dentro del margen de la costura de 1.5 cm, cose dos líneas de puntada de bastilla simple en direcciones opuestas. Empieza cada una con un nudo fuerte y deja el extremo suelto.

**2** Los pliegues se formarán cuando ambos extremos sueltos se jalen suavemente al mismo tiempo. Enrolla los extremos sueltos en alfileres para que la tela tenga el ancho deseado.

**3** Coloca los pliegues sobre una superficie plana y haz ajustes si es necesario antes de sujetar con alfileres la pretina y unirla a la tela con pliegues. En ese momento añade la cinta recta para reforzar, si es necesario (ver la página anterior).

## Tableados

Los tableados regulan la amplitud de la tela en forma más estructurada que los pliegues. Deben medirse con cuidado y requieren de mayor preparación en lo relacionado con sujetarlas con alfileres e hilvanarlos. Debes tener lista una plancha, pues el tableado requiere que planches la tela a medida que avanzas en tu tarea.

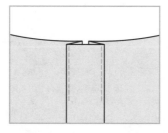
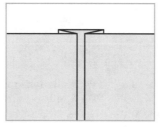

**1** Una tabla es un doblez sencillo y sólo en una dirección, ya sea a la derecha o a la izquierda. Si planchas las tablas podrás irlas acomodando, pero cuando se trata de telas más gruesas, también se cosen por los bordes para que el tableado sea más definido.

**2** Una falda con tablones encontrados se hace con dos tablas sencillas, una frente a otra. Por lo general se cosen por la parte superior para que conserven su forma al caer a la altura de las caderas.

**3** Una falda con tablones encontrados a la inversa se hace cuando las tablas simples quedan una frente a otra. Ésta es una característica común en los uniformes militares.

Hay faldas rectas con un tablón cerrado de aproximadamente 30 cm, casi siempre en la parte de atrás. Dan mayor libertad de movimiento y el tablón debe reforzarse en la parte superior, en ambos lados, para evitar que se rompa.

# FRUNCES - NIDO DE ABEJA

Los frunces (nido de abeja) son una forma tradicional de bordado que se trabaja con pequeños dobleces del mismo tamaño en la tela. Cuando los hilos que los unen se retiran, la tela es bastante elástica, lo que es ideal en la ropa para niñas. Los frunces nido de abeja también se ven bien en las blusas y en los puños de mangas largas, y son atractivos como detalle en las bolsas. En el campo de la decoración de interiores, los paneles de seda, de lino o de terciopelo con frunces nido de abeja, son muy elegantes en las fundas para cojines. Se necesita considerar tela adicional, en promedio usarás tres o cuatro veces más del tamaño que tendrá la tela al final.

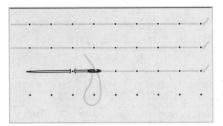

**1** Si no estás bordando el nido de abeja en una tela a cuadros o rallada, en las que el diseño de la tela te sirve como guía, tendrás que transferir con una plancha al revés de la tela el modelo de puntos para nido de abeja *siguiendo la trama de la tela*. Haz las puntadas entre los puntos, como se muestra en la ilustración, usando un hilo de color que marque un contraste con la tela y que será fácil retirar después.

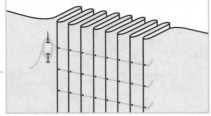

**2** Jala, sin apretar la tela, los hilos guía para hacer los dobleces (frunces) y átalos por pares o enróllalos en alfileres para mantener la tela con la longitud deseada. Asegúrate de que los frunces sean parejos.

Ahora puedes empezar a bordar en la parte frontal de los dobleces (frunces). Es conveniente bordar con hilo de algodón estándar, aunque sólo trabajarás con tres hilos a la vez, usando una aguja para bordar

**1** **Usa punto de tallo** porque se supone que los frunces nido de abeja deben ser relativamente elásticos; trata de no hacer puntadas demasiado apretadas. Haz la primera hilera con esta puntada sencilla para ponerla a prueba y establecer la tensión deseada.

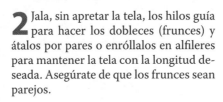

**2** **Puntada tipo panal**: Haz una puntada hacia atrás abarcando dos dobleces, saca la aguja entre ellos, baja 6 mm y vuelve a entrar en el siguiente doblez a la derecha, de derecha a izquierda. Haz otra puntada hacia atrás en ese punto y repite la secuencia subiendo y bajando en forma alterna. Repite una línea abajo, como la imagen de un espejo, para formar el patrón tipo panal. Verifica siempre que el hilo tenga una posición correcta por encima o por debajo de la aguja.

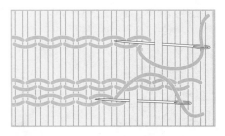

**3** **Puntada tipo cable:** Saca la aguja a través del primer doblez a la izquierda, el hilo debe estar bajo la aguja y haz una puntada sobre el segundo doblez. Trabaja con el hilo sobre la aguja y debajo de la aguja en forma alterna. La puntada tipo cable doble se forma con dos hileras que se hacen juntas de modo que sean un reflejo una de otra.

# PRETINAS DE CINTURA Y PUÑOS

Las pretinas de cintura deben ser firmes y por lo tanto normalmente se cortan en dirección a la urdimbre (en sentido vertical, pág. 14) paralelas al borde. Es necesario que tengan el soporte de una cinta muy firme, como la Petersham (una cinta gruesa que se usa para dar firmeza a los cinturones, las bandas de botones, etc.), que queda visible en la parte interna de la pretina. Puede incorporarse al extremo que se traslapa un broche de gancho y barra, como los que se usan en las faldas rectas o en los pantalones.

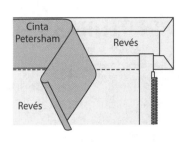

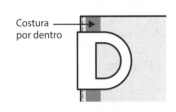

Otra manera de fortalecer internamente las pretinas de cintura y los puños es utilizar entretelas o materiales como el bucarán (tela dura hecha de algodón y en ocasiones de lino, que se usa para dar cuerpo a la ropa). Algunas entretelas se fijan con la plancha, lo que podría ahorrarte tiempo, pero debes verificar si se pueden lavar en la lavadora.

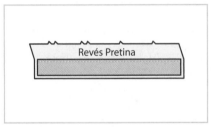

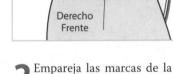

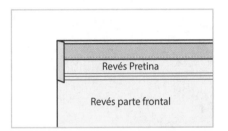

**1** Dobla la pretina a la mitad, a lo largo, y cose la entretela en posición, alineándola con la línea central.

**2** Empareja las marcas de la tela, fija con alfileres y cose por el derecho; luego cose la pretina a la falda de modo que quede firme (si es posible, usa una máquina de coser para hacerlo). Usa una plancha para acomodar la tirita que queda bajo la entretela.

**3** Recorta y cose los márgenes de las costuras para reducir el espesor antes de cerrar la pretina.

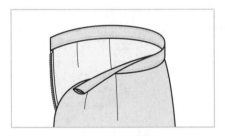

**4** Dobla la pretina a lo largo del borde de la entretela para que la orilla concuerde con la línea principal de la costura. Fíjala con alfileres, hilvánala y haz una bastilla para darle un buen acabado.

El sistema velcro (sistema de cierre y apertura rápido y sencillo. Consiste en dos cintas de tela que se fija en las superficies al coserlas o pegarlas. Una de las cintas posee unas pequeñas púas flexibles que acaban en forma de gancho y que por simple presión se enganchan a la otra cinta cubierta de fibras enmarañadas que forman bucles y que permiten el agarre) requiere de muy poca presión y es ideal para las personas a quienes les es difícil manejar los botones y los cierres. El velcro puede cortarse para darle el tamaño adecuado, pues no se deshilacha, y puede coserse en la posición correcta en los puños, las pretinas de cintura y en aperturas como las que se hacen para las bolsas. Asegúrate de unir todas las superficies del velcro antes de meterlo en la lavadora.

# APERTURAS Y FORMAS PARA CERRARLAS

Debajo de cada pretina o cuello hay una apertura. La forma más sencilla de cerrarlas es doblando la costura e insertando una cinta. Otras aperturas llevan entretelas o bandas que las refuerzan. Se hacen con dos tiras de tela, una sencilla y otra doble. Las aperturas pueden llevar un zíper, una hilera de botones o una tira de velcro que se refuerza con una costura en la parte superior.

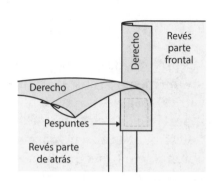

## Formas para cerrar aperturas

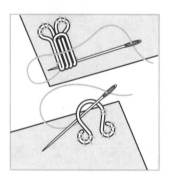

**1** Usa una o dos combinaciones de broches de gancho para sujetar una pretina de cintura, dependiendo del ancho que tenga. Las pretinas de cintura se someten a mucha tensión, así que te conviene sujetar los broches de gancho con la puntada de ojal y con puntadas adicionales de refuerzo.

**2** Cose los cuatro orificios de los broches de presión para sujetarlos a la tela de modo que se cierren mejor. No permitas que las puntadas se vean al derecho de la tela. Determina la posición de la mitad inferior, haciendo pasar la aguja a través del orificio central del broche. Si lo deseas, cose un botón por el derecho justo encima del broche de presión.

## Cómo coser el botón de un saco

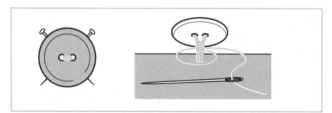

Usa hilo doble si no tienes hilo para botones. Los botones de los sacos y las chaquetas no deben coserse muy pegados a la tela; debe dejarse espacio para otra capa de tela cuando se abotonen. Algunos botones se fabrican con una patita de metal para garantizar este espacio. En botones que no la tienen, el grosor de dos alfileres cruzados bajo el botón establece el largo de la patita y después de varias puntadas puedes retirar los alfileres y enrollar hilo alrededor del hilo con que está sujeto el botón. Termina con una hilera de puntadas de ojal para darle mayor fuerza.

## Cómo coser un ojal de presilla

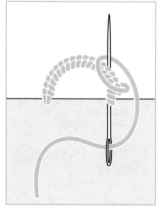

Las presillas son una buena alternativa para cerrar prendas de ropa y bolsas. Cóselas en el borde de un lado de la tela de modo que concuerden con un botón en el otro lado. Refuerza el hilo con puntadas adicionales, verifica el tamaño y vuelve a coser con puntada de ojal hasta llegar al otro extremo. Hazlo una y otra vez antes de sujetar la presilla a la tela de modo que los hilos permanezcan juntos.

# CÓMO COSER UN OJAL A MANO

Cuando sepas cuántos botones vas a usar, debes decidir si los ojales van a ser verticales u horizontales, y a qué distancia van a estar del borde de la tela. Eso depende de la dirección de la tensión que soportarán los botones. Si no hay tensión, los ojales pueden hacerse verticales pues el botón no necesitará moverse en absoluto.

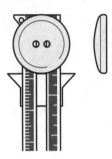

El ojal terminado no debe tener más de 3 mm de largo que el botón en sí, pero tendrás que hacer un corte inicial en la tela. La regla general sería considerar el ancho del botón y su grosor, más 3 mm para tener amplitud. Haz una prueba en un trozo de tela que no vayas a usar para otra cosa, marca el tamaño con un alfiler en cada extremo y traza una línea de un alfiler al otro. Usando tijeras de bordar que tengan mucho filo, o tijeras para cortar costuras, penetra la tela en la línea media y haz un corte.

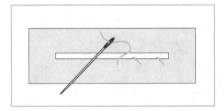 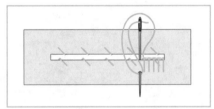 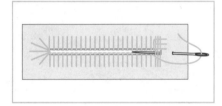

**1** Haz puntadas a lo largo de la orilla para evitar que se deshilache. Haz de cuatro a seis puntadas en cada lado del ojal. Deben medir aproximadamente 3 mm.

**2** Mantén el ojal tan plano como sea posible mientras lo coses. La puntada de ojal es como la puntada de festón (página 24) pero las puntadas van mucho más juntas. Mantenlas del mismo tamaño para que se vean mejor.

**3** Este estilo de ojal se conoce como *ojal de abanico y barra*, por las formas que se dan a las puntadas en los extremos del ojal. Puedes hacer que ambos extremos sean iguales. Se dice que las "barras" son más fuertes debido a las dos o tres puntadas rectas que forman la base para las puntadas de ojal que las cubren. El "abanico" es más atractivo y consta de cinco puntadas colocadas en forma de abanico. La puntada más larga se alinea con el corte del ojal.

# CÓMO UNIR MANGAS A LA SISA

Hay muchos estilos de mangas, por ejemplo, (de izquierda a derecha) manga ranglan, manga dolmán, manga plegada, manga abombada, manga con pliegue y manga sastre.

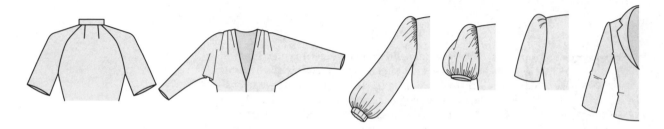

La manga se une a la prenda mediante una costura que rodea por completo la sisa. Ya sea que la manga tenga o no pliegues, unirla a la sisa exige una preparación hecha a mano, aunque el paso final se hace con una máquina de coser. El proceso empieza cuando se corta la manga, y es obvio que la parte superior de la manga es más amplia que la sisa donde se va a colocar. Sin embargo, la forma en que se corte la parte superior es lo que permite que el brazo se mueva con libertad.

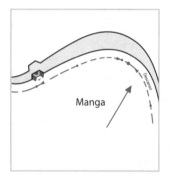

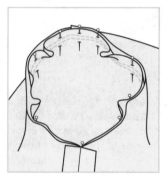
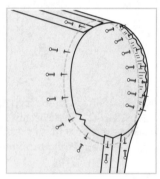

**1** El patrón de la manga tiene marcas que corresponden a las marcas que tiene la sisa de la prenda de vestir a la que se unirá la manga, y también marcas que indican el tamaño de la línea de plegado dentro de la curva de la parte superior de la manga.

**2** Haz una línea doble de puntadas rectas a lo largo de la línea donde irán los pliegues, dejando libres los extremos del hilo. Después, une la costura de la manga, ábrela presionándola y voltea la manga de modo que quede al derecho.

**3** Une con alfileres la parte superior de la manga a la sisa antes de fruncir, jalando el hilo de modo que se ajuste a la sisa. Forma los pliegues en forma pareja y la parte superior de la manga tomará su forma. Si es una manga plegada que se eleva sobre la costura en el hombro, jala la línea exterior más que la línea interior para que la parte superior de la manga forme un arco.

**4** Distribuye los pliegues en forma pareja, pero todavía no cortes el exceso de tela. Hilvana con firmeza y retira los alfileres antes de que tú o la persona que va a usar esta blusa se la pruebe. Éste es el momento en que se pueden hacer modificaciones. Una manga sastre debe quedar muy precisa y sin pliegues en el derecho de la tela. Después de la costura final, arregla la apariencia de la sisa con una costura final o con un dobladillo.

# ADORNOS: CUENTAS, LENTEJUELAS Y MOÑOS

## Cuentas

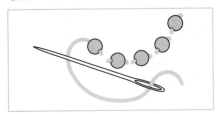 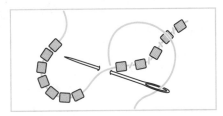 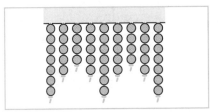

Elije el tamaño y la forma correcta de cuentas para tu diseño y trabaja con una aguja fina. Sujeta el hilo, pasa la aguja a través de una cuenta ensartándola en él hilo. Vuelve a pasar la aguja en el mismo lugar o cerca de él. Avanza una puntada en el lado opuesto y trae la aguja de regreso para que esté lista para la siguiente cuenta.

Enhebra dos agujas y sujeta ambos hilos en el revés de la tela. Haz pasar la primera aguja al otro lado y coloca el número de cuentas que desees. Con la segunda aguja, haz puntadas sobre el primer hilo pasando a través de la primera cuenta. Desliza la segunda cuenta cerca de la primera y repite estos pasos hasta que todas las cuentas estén en su lugar.

Para formar un fleco de cuentas, sujeta la primera cuenta a un hilo y hazle un nudo firme. Añade todas las cuentas que desees, sujetando el hilo con dos puntadas pequeñas en el borde de la tela antes de terminar. Comienza un hilo nuevo en la misma forma, colocándolo cerca del primero.

## Lentejuelas

Sujeta el hilo con un nudo por el revés de la tela y pasa la aguja por el orificio de la primera lentejuela. Haz un punto atrás sobre el borde del lado derecho, saca la aguja en el borde izquierdo y haz punto atrás metiendo la aguja por el orificio de la lentejuela. Avanza con una puntada y repíte la secuencia con la siguiente lentejuela.

Fija el hilo por el revés de la tela y mete la aguja por el orificio de la primera lentejuela. Añade una cuenta pequeña antes de volver a introducir la aguja por el mismo orificio. Tira del hilo con firmeza para que la cuenta quede en contacto con la lentejuela. Avanza una puntada por el revés de la tela y saca la aguja a través del orificio de la siguiente lentejuela.

Si quieres que las lentejuelas queden sobrepuestas, sujeta el hilo por el revés de la tela y saca la aguja a través del orificio de la primera lentejuela. Mete la aguja por el extremo izquierdo y vuelve a sacarla a la distancia de media lentejuela. Sujeta la segunda lentejuela y haz un punto atrás hacia la primera lentejuela. Avanza una puntada por el revés y saca de nuevo la aguja a la distancia de media lentejuela. Cada nueva lentejuela cubre el orificio de la anterior.

## Moño plano

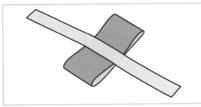  

**1** Toma dos trozos de listón, uno ancho y otro angosto. Dobla suavemente el listón ancho formando un rectángulo juntando los extremos en la parte media del lado más largo. Une las tres capas de listón con una pequeña puntada de punto atrás y coloca el listón angosto formando una cruz en ángulo recto.

**2** Voltea los listones y ata el listón angosto formando un nudo que haga un pliegue en el listón ancho formando un moño.

**3** Voltea de nuevo los listones de modo que el moño quede al derecho. Jala los extremos del listón angosto de modo que cuelguen a los lados del listón ancho. Corta los extremos en diagonal.

# PROYECTO: UN DELANTAL

Este delantal tiene una bolsa doble grande que es muy útil cuando trabajas en la cocina, en el jardín y cuando haces artesanías. Hazlo con cualquier tela preencogida de tejido firme como lona, mezclilla, percal o guinga.

Haz un patrón de papel trazando una rejilla con cuadros de 5 cm. Haz una escala basándote en la siguiente ilustración; se incluye un margen de 1.5 cm en todo el patrón. Corta los patrones de papel y fíjalos a la tela con alfileres; recuerda que debes colocar la pieza principal en el doblez de la tela. Corta la tela y retira el papel.

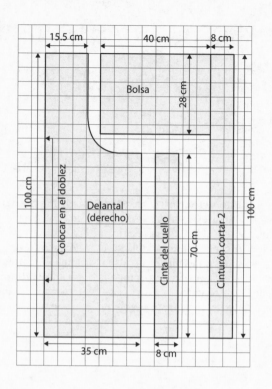

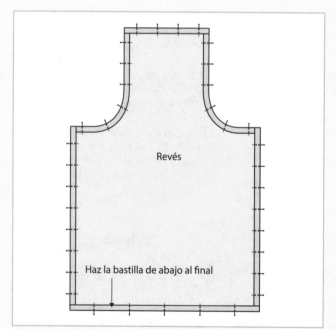

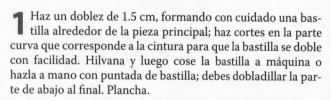

**1** Haz un doblez de 1.5 cm, formando con cuidado una bastilla alrededor de la pieza principal; haz cortes en la parte curva que corresponde a la cintura para que la bastilla se doble con facilidad. Hilvana y luego cose la bastilla a máquina o hazla a mano con puntada de bastilla; debes dobladillar la parte de abajo al final. Plancha.

**2** Realiza una bastilla en la parte superior de la pieza de la bolsa. Haz un solo doblez, hilvana a lo largo del margen de la costura en los otros tres lados. Plancha la bolsa. Si quieres, puedes añadir a la bolsa un diseño bordado o hecho con aplicaciones.

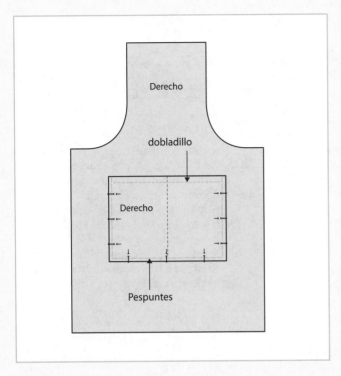

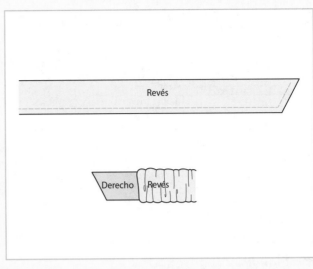

**4** Dobla la cinta del cuello y las cintas del cinturón a lo largo y al derecho. Cose un extremo y haz las costuras laterales de las tres piezas, como se muestra en la ilustración. Recorta las puntas y las esquinas, voltéalos al derecho y plánchalos.

**3** Fija la bolsa con alfileres en el lado derecho del delantal, al nivel de las caderas. Hilvana la bolsa y después f íjala con un pespunte. Haz un pespunte a lo largo de la línea central de la bolsa para evitar que se frunza, luego cose las orillas.

**5** Para que la cinta del cuello sea ajustable haz tres ojales. Dobla las orillas hacia dentro y haz una costura a lo largo de la cinta. Únela a una esquina de la parte superior del delantal, reforzando las costuras. Pega un botón en la otra esquina. También podrías hacer el ojal en el delantal y poner tres botones en la cinta.

**6** Acaba las cintas de la cintura como terminaste la cinta del cuello, pero no le pongas ojales.

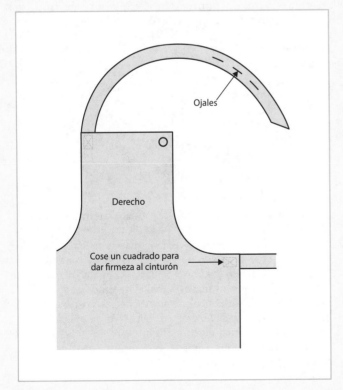

# ADORNOS: BORDES, PRESILLAS Y APLICACIONES

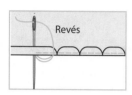

**Borde aconchado** – Dobla o enrolla y luego hilvana una bastilla doble. Haz un dobladillo decorativo con tres puntadas seguidas y luego con un lazo vertical sobre el borde. Tira del hilo con fuerza para formar curvas aconchadas. Si es necesario, haz dos puntadas verticales, dependiendo del grosor de la tela.

**Borde con encaje** – Haz un doblez delgado e hilvánalo. Luego fija con alfileres un trozo de encaje detrás del doblez e hilvánalo. Cose las tres capas de tela juntas con puntadas simples o con punto atrás. También puedes coserlo a máquina con puntadas rectas.

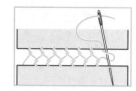

**Puntada para unir dos bordes** – Coloca el encaje paralelo a la tela e hilvánalos a un trozo de papel que sirva como respaldo. Pasa la aguja por el borde inferior y métela al borde superior de atrás hacia delante y ligeramente hacia la derecha. Gira la aguja por debajo y por encima del hilo a lo largo del espacio, luego introdúcela en el borde inferior de atrás hacia delante y ligeramente hacia la derecha. Repite el procedimiento hasta llegar al final, retira el papel.

## Presillas

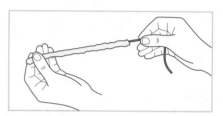
Incorpora el cordón a la costura

**1** La presilla se forma con tiras de bies (p. 30). Se usa para hacer correas delgadas, diseños que se cosen en las solapas y en los corpiños, y para hacer adornos con un centro de alambre que se colocan en los sombreros o en los tocados de las novias.

**2** Dobla las tiras de bies juntando el derecho de la tela y cóselas con el ancho que se requiera. Extiende ligeramente la tela a medida que trabajas para que después no cause tensión en el hilo. Incluye un trozo de cordón delgado, más largo que el tubo, en la parte superior de la costura y empuja el extremo libre al interior del bies. Cierra toda la costura.

**3** Corta, dejando un margen de 3 a 6 mm en la costura. Jala el cordón para voltear el tubo de modo que la tela quede al derecho. Jala lentamente al principio hasta que sientas que la tela se está deslizando.

## Aplicaciones

**1** Una aplicación es un trozo de tela que se recorta y se une a una base, haciendo puntadas en los bordes. Se usan en vestidos y en artículos decorativos del hogar, en especial en las colchas. Primero se cortan las piezas dejando un margen pequeño para bastillas. Haz cortes tipo cuña si es necesario (pág. 25) y sujeta la aplicación con alfileres o hilvanándola a la tela base; usa líneas guía si es necesario.

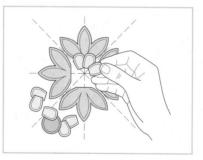

**2** Con una aguja delgada que pueda deslizarse suavemente a través de varias capas de tela, cose alrededor de las piezas, volteando los bordes a medida que avanzas; usa una puntada de dobladillo (pág. 27) o punto de festón (pág. 24). La máquina de coser ofrece una amplia gama de puntadas para hacer aplicaciones.

**3** Cuando termines retira el hilván. Plancha la aplicación suavemente, colocándolo boca abajo sobre una superficie acolchonada, como una toalla, de modo que los márgenes de las costuras no se noten al ver la aplicación de frente.

# TERCERA PARTE

# MÉTODOS Y TÉCNICAS PARA USAR LA MÁQUINA DE COSER

## CÓMO ENHEBRAR LA MÁQUINA DE COSER

Las máquinas más modernas tienen discos de tensión, guías para el hilo y una palanca en el interior de su estructura, lo que elimina varios de los pasos que deben seguirse al enhebrar una aguja en modelos más antiguos. Incluimos ambos procedimientos pues muchas máquinas antiguas siguen en uso (ver también las páginas 16-17). Si es posible, consulta el manual del fabricante, pero éstas son las instrucciones generales para preparar el hilo que va en la parte superior de una máquina de coser.

**1** Sube el pie prensatela para liberar los discos de tensión y permitir que el hilo pase con facilidad.

**2** Eleva la aguja tanto como sea posible girando la rueda de equilibrio.

**3** Coloca el carrete de hilo en el eje del carrete e introduce el extremo del hilo en la guía para el hilo.

**4** En las máquinas de estilo más moderno, pasa el hilo alrededor del canal de tensión y bájalo hacia la guía para el hilo que está justo encima de la aguja. En otros modelos, pasa el hilo alrededor del dial de tensión y llévalo hacia arriba a través del cable de tensión.

**5** Los modelos antiguos también cuentan con una prominente palanca. Pasa el hilo a través de esta palanca y luego bájalo a la guía que está justo arriba de la aguja.

**6** Ahora enhebra la aguja. Debes saber que en algunas máquinas la aguja se enhebra de atrás hacia delante y en otras de adelante hacia atrás. Busca una muesca sobre el ojo de la aguja por donde pasa el hilo cuando coses. Finalmente, saca una cantidad suficiente de hilo antes de empezar a trabajar, aproximadamente 15 cm.

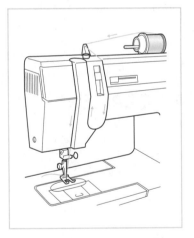
Estilo nuevo

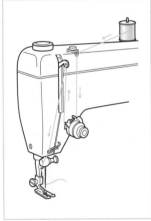
Estilo antiguo

Es probable que el enhebrar incorrectamente la aguja, más que ningún otro factor, sea responsable de la mayoría de los problemas que tienen los principiantes. Si no tienes un manual de instrucciones, busca el modelo de máquina que tienes en Internet, donde podrás encontrar una amplia gama de manuales.

# LA BOBINA

La bobina contiene el hilo inferior en una máquina de coser. Está cerca de la placa de la aguja en un compartimiento que tiene una tapa que se desliza. La tensión del hilo inferior se controla mediante un tornillito que regula el resorte del porta bobina. Algunas bobinas se mueven en el sentido de las manecillas del reloj y otras en el sentido contrario; de nuevo, *consulta el manual del fabricante.*

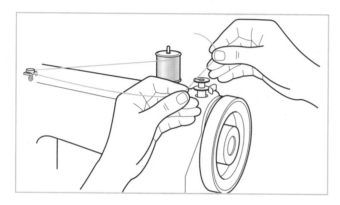

La bobina se llena automáticamente desde una bobinadora que tiene la máquina, la cual garantiza que el hilo se embobina parejo bajo tensión. Algunas bobinas pueden llenarse estando en su lugar, bajo la placa de la aguja.

Este tipo de bobina está en posición vertical en el porta bobina y se libera mediante un pestillo. Cuando se remplaza, el hilo debe quedar debajo del resorte con un extremo libre de 10 cm.

El tipo de bobina "que se deja caer" tiene una posición horizontal debajo de la tapa. Hay una ranura en ángulo a través de la cual pasa el hilo que viene de la bobina.

# LA IMPORTANCIA DE LA TENSIÓN

La puntada de la máquina se forma con los hilos de arriba y de abajo que se entretejen en la tela.

**1** Un dial de tensión controla la tensión del hilo superior; está numerado del 0 al 9. El hilo pasa entre dos o tres discos que están detrás del dial y que se ajustan de acuerdo al dial.

**2** Se considera que una tensión entre 4 y 5 del dial es una tensión "normal". Los hilos se encuentran en el centro de la tela y las puntadas se ven iguales en ambos lados.

**3** Debajo de 4, los discos que controlan la tensión se aflojan y el hilo superior avanza con mayor libertad. Así, el hilo puede pasar a través de dos capas de tela. Esto sólo es deseable si quieres crear pliegues jalando el hilo de abajo.

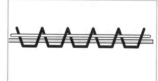

**4** Por encima de 5, los discos se juntan con más fuerza y ocurre lo opuesto.

# CÓMO LOCALIZAR Y RESOLVER PROBLEMAS

| PROBLEMA | RAZÓN | REMEDIO |
|---|---|---|
| La máquina no cose | El interruptor de electricidad está apagado<br>El carrete de la bobina está trabado | Encender el interruptor<br>Desatorar el carrete |
| La tela no se mueve | No se ha bajado el pie prensatela | Bajar el pie prensatela |
| La máquina se salta puntadas | La máquina no se enhebró correctamente<br>La aguja se despuntó o está floja | Volver a enhebrar la aguja<br>Cambiar la aguja y apretarla |
| La aguja se desenhebra | La aguja está en posición errónea | Colocar correctamente la aguja |
| La aguja se rompe | La aguja está doblada | Cambiar la aguja. Elevar la aguja al sacar la tela |
| Las puntadas son irregulares | El tamaño de la aguja no es correcto para el hilo y la tela<br>La máquina no se enhebró correctamente<br>La tensión del hilo superior es muy floja<br>Se está jalando o empujando la tela contra la máquina | Usar la aguja apropiada<br>Volver a enhebrar correctamente<br>Ajustar la tensión<br>Guiar la tela suavemente al hacerla pasar por la máquina |
| Las costuras se fruncen | Hay demasiada tensión o la aguja está en posición incorrecta | Aflojar la tensión superior o colocar la aguja correctamente |
| Se rompe el hilo | Hay demasiada tensión o la aguja está en posición incorrecta | Aflojar la tensión superior o colocar la aguja correctamente |
| La tela se desgarra | La aguja está doblada o despuntada | Cambiar la aguja |
| El hilo se amontona | El hilo superior no se está llevando hacia abajo | Mover ambos hilos hacia atrás bajo el pie prensatela antes de empezar una costura aproximadamente 10 cm y sostenerlo así hasta que se formen varias puntadas |
| Se rompe el hilo de la bobina | El hilo no está colocado correctamente en el porta bobina | Verificar que la bobina esté rotando en la dirección correcta |
| Se acumulan hebras o pelusa en el porta bobina o en el gancho | | Quitar las hebras o la pelusa |
| El hilo de la bobina se enreda | El hilo está demasiado flojo o la bobina se introdujo mal | No llenar la bobina a mano. Verificar que la bobina saque el hilo en la dirección correcta |

# EL LARGO DE LA PUNTADA

El largo de la puntada se mide en milímetros del 1 al 6, y se controla mediante un dial o una palanca (págs. 16 – 17). Esto activa a los alimentadores, que a su vez mueven la tela a la distancia requerida bajo la presión del pie prensatela (pág. 18).

Usa las puntadas más largas (de 4 a 6 mm) en telas pesadas, cuando hagas una hilera de puntadas cerca del borde por el derecho, cuando quieras plegar la costura. Las puntadas medianas (de 2.5 a 4 mm) son adecuadas para telas de peso medio. Para las telas finas se usan puntadas de 2 mm. Es difícil deshacer una hilera de puntadas de 1 mm, así que vale la pena estar seguro de lo que se está haciendo, cuando se utilicen.

# ANCHO DE LA PUNTADA

El ancho de la puntada no se aplica a la costura recta. El control del ancho (págs. 16-17) establece el movimiento de la aguja cuando se trabaja en zigzag o con otras puntadas decorativas. También en este caso, la medida en milímetros normalmente llega hasta 6 mm.

# CÓMO COSER A MÁQUINA TELAS ESPECIALES

Hay varias telas que tienen requisitos especiales, principalmente en lo que concierne a la aguja.

**Telas finas o transparentes** como el voile, el organdí, la batista o el chiffon se ven mejor con puntadas francesas que no dañen su apariencia delicada. En primer lugar, retira el orillo para evitar que se frunza. El mayor problema es que estas telas son difíciles de manejar porque son muy delgadas y sedosas.

La práctica te ayudará; toma un trozo y haz una costura usando una aguja adecuada (nueva) y el hilo apropiado. El tamaño de aguja que se recomienda es el de 60-75, con hilo de algodón o poliéster y con puntadas de 1.5 a 2 mm. Una placa de la aguja que tenga un sólo orificio puede ayudar a estabilizar la superficie de la tela cuando la aguja la perfora. También puedes intentar coser con un trozo de papel tisú debajo de la tela.

**La mezclilla** tiene una apariencia burda en la prenda de vestir, pero se deshilacha fácilmente y, como las telas sedosas, requiere puntadas francesas. Usa una aguja 75-90.

**Terciopelos;** debido al pelo, pueden ser tan difíciles de manejar como las telas finas y transparentes. Además, las puntadas dejan marcas en el terciopelo. Las costuras deben ser cortas, tipo hilván, añadiendo de vez en cuando un punto atrás. Si se cose a máquina, el terciopelo requiere puntadas de 2 a 2.5 mm de largo con poca tensión y con una aguja 75-90. En este caso, también debes practicar con trozos de tela. Si las capas de terciopelo se mueven, hilvánalas y fíjalas con alfileres a lo largo del margen de las costuras antes de empezar. Al coser, sostén la capa inferior con firmeza sin afectar la aguja. Retira los alfileres a medida que avances.

**Tejidos;** hay que manejarlos con cuidado al coserlos a máquina, pues es muy fácil estirarlos y deformarlos. Trabaja con lentitud y recuerda que las costuras necesitan ser flexibles siguiendo el movimiento del material de jersey. Cambia la aguja regular por una de 75-90 de punto redondo que no rompa las fibras al coserlas. Si tu máquina cuenta con una puntada elástica, utilízala; o usa la puntada para tricot.

Otra opción sería usar zigzag en el ajuste más angosto. Los materiales tejidos no se deshacen, así que no es necesario darle un acabado a las costuras. Sin embargo, tal vez sientas que algunas costuras, por ejemplo en los hombros y en la cintura, podrían quedar mejor si se les pone una cinta (pág. 30).

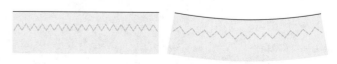

Costura elástica        Costura extendida con el uso

# CÓMO HACER COSTURAS OCULTAS

La secuencia para hacer una costura francesa a máquina es la misma que se usa para hacerla a mano (pág. 25).

## La costura falsa sobrecosida y plana

Éste es otro tipo de costura oculta que se usa ampliamente en ropa casual y de uso rudo, en faldas, pantalones, ropa de mezclilla y bolsas de tala. Es totalmente reversible y tiene dos hileras de costuras visibles en cada lado.

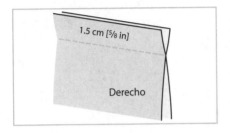

**1** Fija con alfileres los dos lados al revés de la tela con un margen de 1.5 cm para la bastilla.

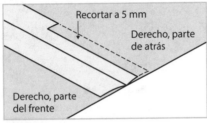

**2** Plancha las costuras de modo que queden abiertas y recorta un lado del margen a 5 mm.

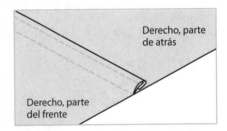

**3** Dobla a la mitad el margen que no está cortado, plánchalo y dóblalo para ocultar el borde que cortaste antes. Fija con alfileres, hilvana y cose a máquina a lo largo del doblez.

# ACABADOS EN LAS COSTURAS HECHAS A MÁQUINA

La secuencia para coser un bies a máquina es la misma que se usa para coserlo a mano (pág. 30), excepto que la puntada final (paso 3) puede remplazarse con puntadas a máquina. Éstas son otras soluciones para el acabado.

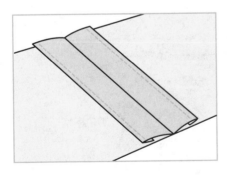

**Borde cosido** – Haz puntadas de 3 a 6 mm a lo largo del borde a cada lado. Dobla en la línea de la costura para cerrar el borde del doblez.

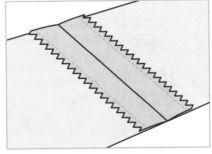

**Costura y corte en zigzag** – Éste es un acabado para telas de tejido cerrado para evitar que se enrosquen. Haz puntadas de 6 mm cerca del margen de cada costura. Recorta cerca de la costura con tijeras dentadas.

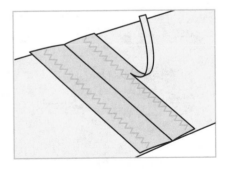

**Costura en zigzag y corte** – Haz una costura en zigzag a lo largo del borde de cada margen con las puntadas más anchas, pero no cosas sobre el borde. Recorta cerca de las costuras con tijeras.

## CÓMO HACER PINZAS

Las pinzas dan forma a una tela plana y hacen posible que quede bien sobre contornos curvos, por ejemplo en un vestido o en un sillón. Se marcan con puntitos en un molde de papel y se transfieren a la tela cuando se corta, usando un marcador de telas o gis (tiza) para sastres.

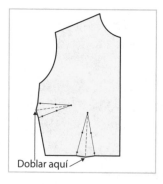

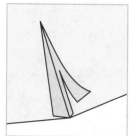

**1** Junta las marcas de puntos doblando la tela por el centro. Verás que la línea de las puntadas formará un triángulo.

**2** Fija la pinza con alfileres, hilvánala y cósela a máquina hasta tener un punto definido, cosiendo más allá del borde de la tela. Eleva pie prensatela y corta los hilos, dejándolos suficientemente largos para terminar la costura a mano.

**3** Las pinzas que se hacen en telas ligeras por lo general no necesitan cortarse. Simplemente se plancha el borde doblado de la pinza hacia un lado sin doblar la tela principal. Las pinzas que se hacen en telas gruesas deben abrirse en el doblez y cortarse antes de plancharse.

## ENTRETELAS CON FORMA

Las entretelas se usan para dar un buen acabado a los bordes de los cuellos y sisas, y se cortan con la misma forma, y lo que es más importante, siguiendo la misma trama de la prenda. Se les puede dar mayor firmeza con un forro adicional si es necesario; se cosen o se planchan a lo largo del borde de la entretela con tijeras dentadas antes de unirse a la prenda.

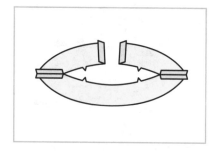

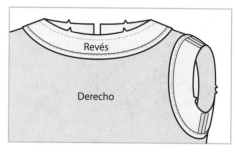

**1** Entretela para un cuello; muestra las uniones entre las secciones de enfrente y de atrás, y los extremos se doblan hacia atrás donde deben unirse a la pieza principal.

**2** Entretela para la sisa preparada con costuras en el borde.

**3** Las entretelas se unen a la prenda principal, están listas para las costuras curvas (pág. 25) y para voltearse al derecho.

# CÓMO INSERTAR UN ZÍPER

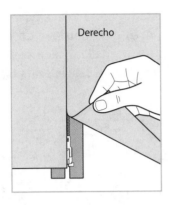

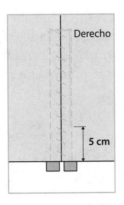

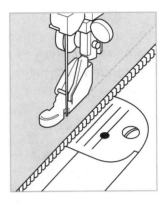

**1** Coloca el zíper en la costura estando cerrado. Los bordes de la tela deben encontrarse en el centro y ocultar los dientes del zíper.

**2** Hilvana alrededor del zíper con los extremos de la cinta hacia abajo. Hilvana también alrededor de la línea de la costura, pasando aproximadamente a 2.5 cm del final de la parte superior del zíper para mantenerlo en línea recta.

**3** Haz un pespunte alrededor del zíper usando el pie para zípers para coser cerca del borde de la apertura. Detente a 5 cm de la parte superior del zíper por el otro lado y, retirando los hilvanes, desliza la parte superior del zíper hacia abajo para terminar de coser por ambos lados de la parte superior.

# PESPUNTES

Pueden usarse pespuntes con propósitos puramente decorativos y con frecuencia se hacen con un hilo que tenga un color que marque un contraste alrededor de las solapas y los bolsillos. Usa una puntada más larga que la que usarías para una costura común.

# CÓMO HACER OJALES CON LA MÁQUINA DE COSER

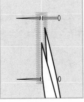

**2** Corta el centro del ojal con tijeras de bordado o con un descosedor; abre el ojal con cuidado de un extremo a otro sin cortar las barras.

**1** Marca la posición donde quedará el ojal con un marcador de telas o con gis (tiza) para sastres. Usa un pie prensatelas zigzag, usa el selector de puntadas y haz varias puntadas para formar la "barra" del ojal antes de bajar por el primer lado. Haz la segunda barra en la parte inferior y luego mueve la tela 180 grados para completar el otro lado.

# PLISADOS

Los plisados son muy parecidos a los frunces nido de abeja, pero sin el bordado. Son ideales para ropa de dormir y ropa de playa. El elástico para plisados se fabrica especialmente para usarse en la máquina de coser y es más fácil aplicarlo que coser un elástico plano. Como en todas las técnicas que intentas por primera vez, es aconsejable practicarla en un trozo de tela antes de usarla en la tela principal.

**1** Llena la bobina a mano con elástico para plisados y colócalo en tu máquina de coser como acostumbras hacerlo. Ajusta la tensión del hilo en 4 y cambia de la puntada recta a la puntada zigzag más larga y ancha que te permita la máquina.

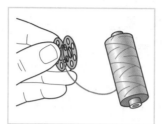

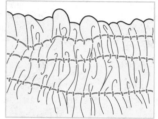

**2** Necesitarás completar tres o cuatro hileras antes de lograr el efecto de los frunces nido de abeja. Esta ilustración muestra el revés de la tela.

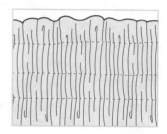

**3** Y éste es el derecho. El plisado puede hacerse en telas lisas o estampadas.

# CÓMO HACER RIBETES

Los ribetes dan un acabado externo elegante en la ropa y en los accesorios del hogar. El cordón que se use debe estar pre-encogido; verifícalo al comprarlo. Hay cordones de diferentes anchos, y debes elegir el que sea adecuado para la tela que vas a usar. Un ribete tiene que ser flexible y doblarse en las esquinas para quedar dentro de las tiras del bies.

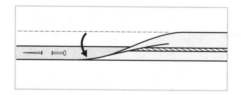

**1** Coloca alfileres en la tela e hilvana, dejando un margen en la costura.

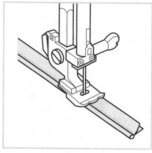

**2** Para tener los mejores resultados, usa un pie prensatela especial para ribetes, aunque un pie para zípers también funciona bien. Haz las puntadas tan cerca del cordón como sea posible. Puedes producir una tira larga de ribete que después se puede cortar y usar como sea necesario.

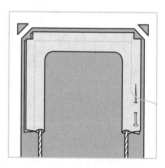

**3** Otra alternativa es fijar el ribete con alfileres e hilvanarlo dándole forma antes de coserlo con la máquina. Si las vueltas son gruesas, trabájalas por capas y corta el exceso de material para que se doble bien en las esquinas.

# PROYECTO: UN BURLETE EN FORMA DE PERRO SALCHICHA

Un perrito fiel con orejas caídas que te protegerá de los chiflones; puede ponerse frente a cualquier puerta, ajustando la longitud entre la cabeza y la cola.

Un burlete es una tira textil o de otro material flexible que se coloca en el canto de las hojas de puertas, balcones o ventanas para que cierren herméticamente. Cualquier tipo de tela es adecuada, incluyendo los tejidos. Haz un patrón de papel dibujando una rejilla con cuadros de 9 cm. Dibuja las piezas usando una escala, cuadro por cuadro, basándote en el esquema que aparece a continuación. Corta los moldes de papel y fíjalos con alfileres a la tela. Fíjate qué piezas deben colocarse en el doblez. *Cuando cortes la tela añade 12 mm para los márgenes de las costuras alrededor de toda la pieza.*

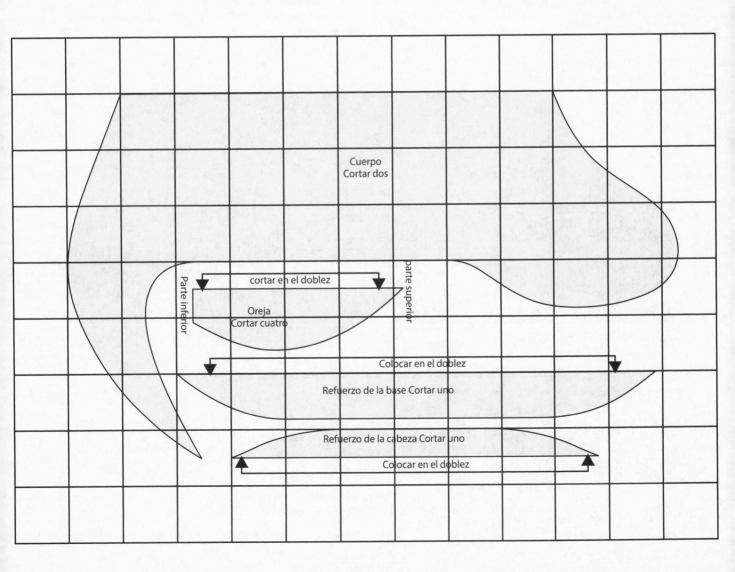

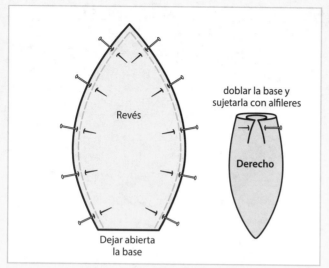

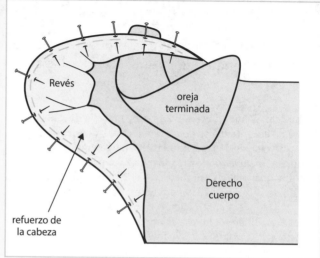

**1** Para hacer las orejas, sujeta con alfileres cada par de orejas al derecho de la tela y cose alrededor, excepto en la base. Voltea la pieza al derecho. Dobla, sujeta con alfileres e hilvana haciendo un pliegue pequeño en cada oreja.

**2** En el lado derecho de una mitad del cuerpo, sujeta con alfileres e hilvana firmemente el refuerzo de la cabeza como se ve en la ilustración, cosiendo una de las orejas terminadas entre las dos capas de tela. Repite con la otra mitad del cuerpo y con la segunda oreja.

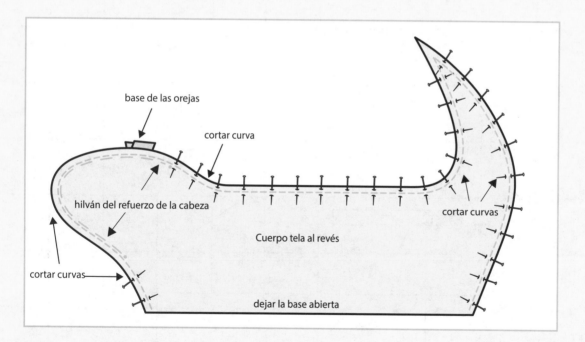

**3** Por el derecho del refuerzo, con las orejas lejos de la aguja, cose a máquina cada mitad de la cabeza del perro, al lado del refuerzo de la cabeza correspondiente.

**4** Cose a máquina el resto de las mitades del cuerpo, uniéndolas desde la barba hasta la base y desde el cuello hasta la punta de la cola, y luego bajando por el otro lado. Deja la base abierta. Corta las curvas preparándote para voltear el cuerpo. Retira todos los hilvanes.

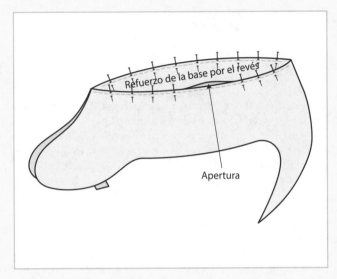

**5** Teniendo el cuerpo todavía por el revés. Coloca el refuerzo de la base como se muestra en la ilustración. Cose con la máquina alrededor de ambos lados del cuerpo, dejando una apertura de 10 a 12 cm para rellenar al perro.

**6** Voltea el perro al derecho y usa una aguja para tejer para voltear la cola hasta formar un punto fino. Rellena la cabeza y el cuerpo con tanta firmeza como puedas con relleno de poliéster para juguetes. Podrías necesitar bastante, dependiendo del largo del perro.

**7** Cierra las orillas de la apertura y haz una segunda costura.

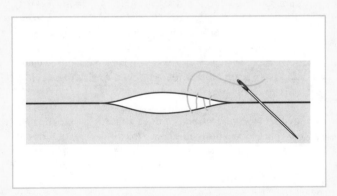

**8** Usa botones, aplicaciones de fieltro o bordados para hacer los ojos, la nariz y la boca del perro, dándole una personalidad única. Ponle un collar o un moño en el cuello como toque final.

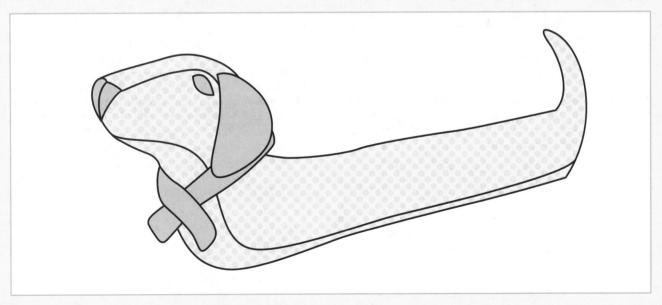

# CONSEJOS SOBRE EL LAVADO Y EL CUIDADO DE LA ROPA

## LAVADO

Siempre debes buscar los símbolos relacionados con el lavado del material en las telas que compres; la etiqueta del fabricante sobre el cuidado del material aparece en el rollo de tela en sí y también debes pedirle al vendedor (o vendedora) una etiqueta sobre el cuidado del material para llevártela con tu compra. Es útil conservarla como parte de un registro sobre tu trabajo. Otros puntos de referencia son los manuales de tu propia lavadora y secadora. Contienen detalles sobre todos los programas de lavado y secado, e indican cómo se relacionan estos programas con los símbolos estándar del cuidado que debe darse a las telas.

Si es posible, encárgate de las manchas de inmediato. No talles el área afectada con demasiada fuerza porque la fricción puede dañar las fibras y dejar un lamparón muy obvio. Las marcas causadas por aceite deben limpiarse por el revés de la tela con un solvente adecuado; sigue las instrucciones del fabricante.

Ya sea que utilices la lavadora o que laves a mano, no uses detergente en polvo en telas con un alto contenido de lana o de seda. Lávalos con jabón en escamas o con jabón líquido para telas delicadas. Los agentes limpiadores de los jabones líquidos están diseñados para usarse a temperaturas bajas y no dejan depósitos. Pon a prueba la fijación de color o la calidad desteñible de las telas de color fuerte (en especial las de tonos rojos), y si tienes dudas, lávalas aparte. Las telas que contienen cualquier tipo de lana siempre deben enjuagarse con agua tibia. Usa la configuración adecuada en tu lavadora para el lavado de telas de lana, no el programa de baja temperatura, ni el programa de lavado a mano que enjuaga con agua fría.

Las secadoras contribuyen mucho a que la ropa encoja accidentalmente, y hay telas que es mejor dejar que se sequen sin calor. La ropa de lana debe sacarse de la lavadora y enrollarse en una toalla para eliminar el exceso de agua. Los tejidos, como el jersey, deben dejarse secar colocándolos planos sobre una base. No los cuelgues porque pierden su forma a medida que la humedad va bajando por el material tejido.

Plancha las telas siguiendo las recomendaciones relacionadas con el grado de calor necesario. Ten mucho cuidado con los adornos de la ropa. Los encajes de nylon, los hilos metálicos y las lentejuelas de plástico se arrugan al contacto con la plancha caliente.

Cuando planches al vapor con una tela, es importante levantar y bajar la plancha en dirección vertical y evitar deslizarla sobre la tela. Utiliza una tabla chica para planchar mangas, o una almohadilla firme y curva para planchar áreas curvas y contornos.

## CUIDADO

Después de todos tus esfuerzos, vale la pena invertir en ganchos de alta calidad para la ropa que haces. Coloca presillas para colgar en las costuras de los hombros y en la cintura para asegurarte de que las prendas tengan el soporte adecuado y no caigan con dobleces que las distorsionen. Los vestidos de noche y otras telas delicadas deben colgarse dentro de cubiertas protectoras para que no toquen el suelo y no se les toque demasiado.

Cuando guardes prendas de vestir y ropa de cama, la regla de oro es guardarlas limpias, absolutamente secas y sin almidonar (hay insectos, como el pececillo de plata, que se alimentan de almidón). El polvo, la mugre y el sudor pueden dañar y decolorar todo tipo de fibras, sean sintéticas o naturales, y la polilla y los hongos aparecen en la ropa sucia.

Las telas finas como las que se usan en ropones para bautizos o en vestidos de novia, deben lavarse o mandarse a la tintorería, luego deben forrarse bien con papel tisú libre de ácido y guardarse en bolsas de algodón cerradas con zíper. Las cortinas, fundas y colchas deben doblarse con cuidado y protegerse en baúles, en armarios o dentro de cubiertas cerradas con zíper o en cajas de plástico si se van a quedar guardadas durante mucho tiempo. Sácalas y sacúdelas de vez en cuando y vuelve a doblarlas en forma diferente; esto evita que se marquen los dobleces en forma permanente.

Para evitar el riesgo de mohos, nunca guardes las telas en lugares mal ventilados o húmedos como los desvanes, sótanos o en alacenas que rara vez se abren. Los calentadores y deshumidificadores pueden ayudar a reducir los problemas causados por la humedad y la condensación de vapores.

Evita la presencia de polillas. Tienen un ciclo de vida de aproximadamente seis semanas y sus larvas producen orificios destructivos en las cosas. Hoy en día hay artículos con olores agradables que pueden usarse en lugar de las bolas de alcanfor o naftalina, como los bloques de madera de cedro y las bolsitas de lavanda, pero deben reemplazarse de vez en cuando. Las polillas no sólo ponen sus huevos en las fibras de lana, también pueden dañar la seda, las pieles o las plumas. Es prudente revisar de vez en cuando los lugares donde guardas tu ropa para evitar la presencia de polillas.

# TÉRMINOS RELACIONADOS CON LA COSTURA

**Accesorios:** Artículos como hilo, broches de presión, cintas y adornos.

**Aplicación:** Técnica de coser una tela sobre otra.

**Bastilla:** Doblez que se hace en los bordes de una tela y que se cose superficialmente para evitar que el tejido se deshilache.

**Bies:** Trozo de tela cortado en sesgo respecto al hilo que se aplica a los bordes de prendas de vestir.

**Broche de presión:** Objeto de metal o de otro material duro que tiene dos piezas, una de las cuales engancha o encaja en la otra.

**Calicó:** Tela de algodón con tejido suelto que al natural tiene color crema.

**Costura (unión):** Serie de puntadas que une dos piezas cosidas.

**Costura invisible:** Puntadas en dobladillos que unen una orilla doblada y son virtualmente invisibles.

**Entretela:** Tejido que se pone entre la tela y el forro de una prenda de vestir para reforzarla o darle consistencia.

**Fibra:** La dirección que tienen los hilos de la trama y la urdimbre. La urdimbre es vertical, corre paralela al orillo. La trama es horizontal y corre en ángulo recto al orillo.

**Forro:** Tela ligera (con frecuencia tafeta o satín) que se cose en el interior de una prenda para ocultar las costuras. Los forros también se usan en ropa hecha con tela transparente.

**Frunces:** Pequeños dobleces que se hacen jalando una hilera de puntadas. Se usan para formar volantes u olanes.

**Hilvanes:** Puntadas temporales que se hacen con puntadas rectas de aproximadamente 1.5 cm de largo.

**Margen de la costura:** Distancia entre el borde de la tela y la línea de costura.

**Muesca:** Corte que se hace como señal.

**Muselina:** Tela de algodón, seda, lana, etc , fina y poco tupida.

**Orillo:** Extremo de una pieza de tela que suele tener distinto aspecto que el resto.

**Petersham:** Cinta (similar al tarlatán) que se usa para dar firmeza a los cinturones y en la confección de sombreros.

**Pinza:** Pliegue de una tela terminado en punta, que sirve para estrecharla o como adorno.

**Pre-encogido:** Tela sujeta a un proceso para encoger durante su fabricación.

**Presilla:** Cordón pequeño en forma de anilla que sirve para prender o asegurar un botón, corchete, etcétera.

**Pretina:** Tubo diseñado para introducir en él un elástico, cordón, listón, etcétera.

**Ribete:** Cinta o tira de tela o piel con que se adorna y refuerza la orilla del vestido y el calzado.

**Sesgado:** Línea diagonal entre la trama de la tela. Un sesgado "real" es a 45 grados del orillo.

**Sisa:** Abertura hecha en la tela de las prendas de vestir para que ajusten bien al cuerpo, en especial la que se hace para coser las mangas.

**Sobrecostura:** Una hilera extra de puntadas (normalmente decorativas) que concuerdan o marcan un contraste con la prenda y se hace carca del borde ya terminado.

**Tabla:** Doble pliegue ancho y plano de una tela o prenda que deja un exterior liso entre los dobleces.

**Tela fusible:** Material sintético que se une a la tela cuando se funde con el calor de una plancha.

**Trama:** Hilo horizontal, corre en ángulo recto al orillo.

**Urdimbre:** Hilo vertical corre paralela al orillo.

**Vello:** Textura o diseño en el terciopelo que tiene una sola dirección y afecta la forma en que se cortan los diseños.

# Patchwork

El patchwork (o colchas de retazos) es una actividad propia para todas las edades. Existe tal variedad de formas y diseños entre los cuales escoger que cualquier persona podría encontrar algo que vaya de acuerdo con sus gustos y capacidades. Este libro, como los otros libros de la serie, se preparó pensando en personas principiantes, se les guía a través de los métodos y las técnicas de etapas sencillas. Sin embargo, también presenta una gran cantidad de patrones y plantillas para inspirar a las personas que tienen más experiencia en el campo de la costura y que tal vez quieran trabajar con ellos, quizá en una deslumbrante estrella menonita o en una delicada aplicación hawaiana.

No tienes que hacer toda una colcha al principio. Une un solo retazo intrincado de la colcha y si no haces nada más, tendrás una funda para un cojín o un panel decorativo que puedes poner en una bolsa. Las niñas pueden empezar con retazos para hacer una colcha sencilla para la cama de una muñeca o una agarradera acolchada para tomar cosas calientes en la cocina; es fácil empezar con bloques de cuatro a nueve piezas.

Aunque hoy en día las colchas de retazos son tradicionalmente norteamericanas, son fruto del ingenio de las comunidades de inmigrantes europeos que llevaron consigo los principios básicos para hacer colchas de parches, edredones y aplicaciones. Los recién llegados se establecieron y avanzaron hacia el oeste llevando consigo sus destrezas y sus patrones. El mismo patrón en forma de diamante que en Massachusetts recibió el nombre de "Timón", se llamó "Sol de la cosecha" en la región occidental media, que estaba lejos del mar, pero estaba rodeada de extensos campos de sembradíos. El patrón más famoso de todos, conocido como "Cabaña de troncos", revela todo el espíritu de la vida de los pioneros y los primeros colonos.

Las amas de casa aprovechaban al máximo sus escasos recursos y crearon acogedoras colchas, uniendo inteligentemente trozos de tela con estilos que fueron heredando de generación en generación y que las jóvenes aprendían de sus madres y sus abuelas. La colcha matrimonial representaba la mayor destreza en costura para una joven que había dedicado gran parte de su infancia y juventud perfeccionándose en el arte de la costura.

A medida que las familias empezaron a disfrutar de mayor riqueza, comenzaron a comprar artículos ya hechos, en lugar de hacerlos en casa. Pero eso significó que también podían comprar novedosas telas en mayor cantidad. De esa forma, el hacer colchas, la costura a mano y las aplicaciones, se desarrollaron como un arte decorativo y se extendieron por el mundo, regresando a Europa. Los diseños tradicionales con nombres evocadores como "Aves en el aire", "Reina de la pradera" y "Sendero del borracho", se han preservado hasta nuestros días y quienes disfrutan del arte de hacer colchas de retazos los siguen haciendo con entusiasmo en todas partes del mundo.

# PRIMERA PARTE

# EQUIPO Y MATERIALES

## PLANTILLAS (PATRONES)

Las plantillas se usan para cortar muchas piezas de un patrón.

Están hechas de metal, de plástico o de cartón y pueden comprarse en mercerías, o pueden cortarse con cuidado en casa pegando un trozo de papel cuadriculado en cartón o en acetato. Hay tres tipos de plantillas (las flechas indican la dirección de la trama de la tela, ver la pág. 14):

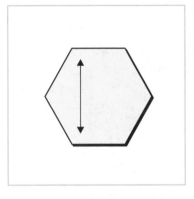 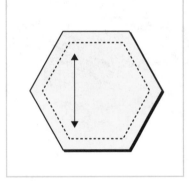 

**1** Tamaño y forma exactas del retazo terminado; se usa al cortar patrones para coser a mano (pág. 68). No se deja margen para la costura; corta la tela con un margen de 6 mm a todo el derredor.

**2** Incorpora la forma y 6 mm para el margen de la costura; se usa para cortar la tela cuando vas a coser a máquina.

**3** El margen interno indica el tamaño real del retazo; el margen externo representa el margen de la costura. La ventana ayuda a centrar un adorno.

# EQUIPO

A **Agujas de buen punto** para coser con hilo estándar de algodón o de poliéster; agujas para puntadas finas y para hacer colchas.

B Es más fácil ver y manejar **alfileres** con cabeza de vidrio o plástico de colores.

C **Hilo** de algodón de grosor medio (No. 50) para hacer colchas de retazos a mano. Para coser a máquina debe usarse un hilo de algodón o de poliéster más resistente (No. 40). Enhebra la aguja con el extremo libre del hilo directamente como sale del carrete; pasará más fácilmente a través del ojo de la aguja y no se enredará cuando estés trabajando.

D Para que puedas coser a mano con mayor rapidez y fluidez, pasa el hilo por un bloque de **cera de abeja**. El tratamiento con cera protege de la humedad y elimina la electricidad estática de los materiales sintéticos.

E Se necesita un **dedal** para impulsar las agujas a través de varias capas de tela al mismo tiempo. Algunas personas usan un dedal en cada mano para hacer colchas de retazos.

F **Descosedor** para quitar las puntadas hechas a máquina. Úsalo con cuidado porque es muy fácil perforar la tela que rodea el hilo.

G Las **tijeras de modista** tienen mangos asimétricos y hojas largas. Son especiales para cortar la tela fácilmente en un ángulo bajo sobre una superficie plana. No permitas que nadie, incluyéndote a ti, haga que las tijeras pierdan el filo cortando papel, tarjetas, cordones o cintas engomadas.

H **Tijeras para bordar** para hacer cortes precisos. Sus hojas son de 3 a 10 cm de largo y son puntiagudas.

I **Cúter** para cortar las plantillas. Úsalo con una superficie para cortar (**J**) y una regla con borde metálico (**K**). Cambia la hoja del cúter con frecuencia.

L Un **cortador rotativo** corta tiras con rapidez y corta varias capas de tela al mismo tiempo. Debes cambiar la hoja con frecuencia. El cortador tiene un mecanismo que hace que la navaja se retraiga por seguridad. Úsalo con una superficie para cortar (**J**) y con una regla rotativa que tenga marcas rectas y diagonales (ver la pág. 66).

M Una **regla de acrílico** para modista marcada con cuadrícula para que te ayude a dibujar las plantillas con precisión.

N **Regla** con cm y pulgadas.

O **Calibrador** con marcador deslizante que te permite establecer una medida fija.

P **Compás** para trazar plantillas curvas.

Q **Transportador** para medir los ángulos de las plantillas.

R **Lápiz para marcar la tela al hacer colchas.**

S **Lápiz de tiza (gis) con una brocha.**

T **Papel cuadriculado para gráficas**; te ayuda a dibujar plantillas y a diseñar patrones

U **Aerosol adhesivo** para pegar las plantillas al cartón.

V **Pegamento** para colocar temporalmente las formas de las aplicaciones. Pruébalo primero en trozos de tela que no vayas a usar.

W **Máquina de coser**

X **Plancha**

# TELA

Para tener mejores resultados, usa telas de peso similar y lávalas antes de coserlas para evitar que encojan y se decoloren. Consulta la pág. 14 para ver los detalles relacionados con los tejidos, la fibra y el sesgo.

 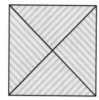 

**La textura** viene del tejido de una tela. También depende del hecho de que la tela tenga "pelo" como el terciopelo o la pana (ver las ilustraciones a la izquierda), que pueden cepillarse y colocarse en diferentes direcciones. Puedes mostrar creatividad con la textura, aunque los retazos sean idénticos.

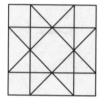 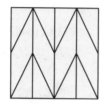 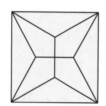

**Las formas de los patrones** son ilimitadas cuando trabajas con retazos. Intenta hacer plantillas con diferentes combinaciones. Las telas de rayas o cuadros pueden usarse con máxima eficacia, y puedes jugar con los estampados con imágenes tipo escama.

El círculo de colores representa una lección en el tema de la armonía de los colores. El rojo, el amarillo y el azul son los colores primarios. Los colores secundarios son el verde, el naranja y el púrpura, que se hacen mezclando los colores primarios. Los colores terciarios están entre los primarios y los secundarios. Los colores que están en posiciones directamente opuestas en el círculo son complementarios y crean las combinaciones más vibrantes. Los que están lado a lado se llaman colores análogos. Los colores que van del rojo al amarillo-verde, ocupan el espectro "cálido", mientras que los que van del verde al rojo-púrpura se describen como colores "fríos".

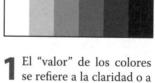

**1** El "valor" de los colores se refiere a la claridad o a la oscuridad relativas de un color.

**2** Estos "valores" se ven muy afectados por los colores que tienen cerca.

## El relleno (guata) y el forro (parte trasera)

El relleno (guata) es el material suave y fibroso que está entre la tela superior de la colcha y el forro, y hace que la colcha sea caliente. Puede ser totalmente sintético, como el poliéster, o puede contener fibras naturales, como la lana o el algodón, mezcladas con poliéster. La parte trasera, con o sin relleno, sujeta y endereza la colcha. La tela ideal es el algodón ligero y pre-encogido, como el que se usa para hacer vestidos.

## Encogimiento

Cuanto más apretado sea el tejido de la tela menos podrá encogerse durante la etapa de producción o después. La etiqueta de la tienda te indica si es pre-encogido. Si no lo es, tú debes pre-lavarla antes de cortarla. Mete la tela en agua caliente durante media hora. Esto también revela si hay algún problema relacionado con la fijación de los colores.

## Retazos grandes

En los países que usan el sistema inglés de medidas, serían retazos de más de un cuarto de yarda, o tiras del doble de largo siguiendo la trama de la tela.

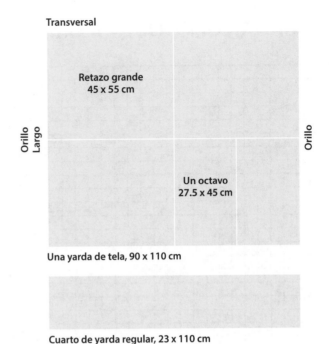

**Transversal**

**Orillo**
**Largo**

**Retazo grande**
**45 x 55 cm**

**Un octavo**
**27.5 x 45 cm**

**Orillo**

**Una yarda de tela, 90 x 110 cm**

**Cuarto de yarda regular, 23 x 110 cm**

## Cómo calcular cantidades

Los anchos estándar de la tela son de 90, 115 y 150 cm. Las telas para vestidos por lo general miden 115 cm de ancho; la muselina y la entretela son de 90 cm de ancho.

Estudia tu patrón. ¿Cuántas plantillas diferentes utiliza? ¿Cuántos retazos y de qué tamaño? Antes de calcularlo, resta 5 cm del ancho por el encogimiento y por el orillo que deberá cortarse. *Asegúrate de tomar en cuenta el margen de las costuras.*

**1** Determina cuántas veces cabe la plantilla en el ancho de la tela y divide esa cifra entre el número total de retazos que se requieren para esa forma en particular.

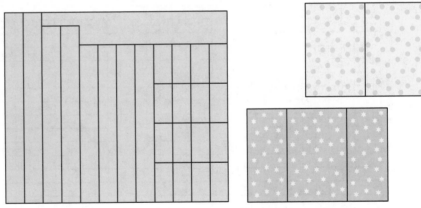

**2** Haz lo mismo con el número de tiras a lo largo de la tela para los bordes y bandas (pág. 76-77)

**3** Para los forros, prepárate para unir dos o tres anchos de tela, dependiendo del tamaño de la colcha.

Para calcular el largo de la tela que se necesita después de los pasos 1 y 2, divide el número total de retazos por el número de un ancho y multiplica el resultado por el ancho de las plantillas.

Un plan económico para cortar la tela es tomar tiras rectas de una orilla de la tela y las formas irregulares de la otra. El bies y los ribetes que se colocan en los bordes se hacen con tiras que se cortan en diagonal, lo que causa que se desperdicie algo de tela.

# PAPEL CUADRICULADO PARA GRÁFICAS (rejilla cuadrada)

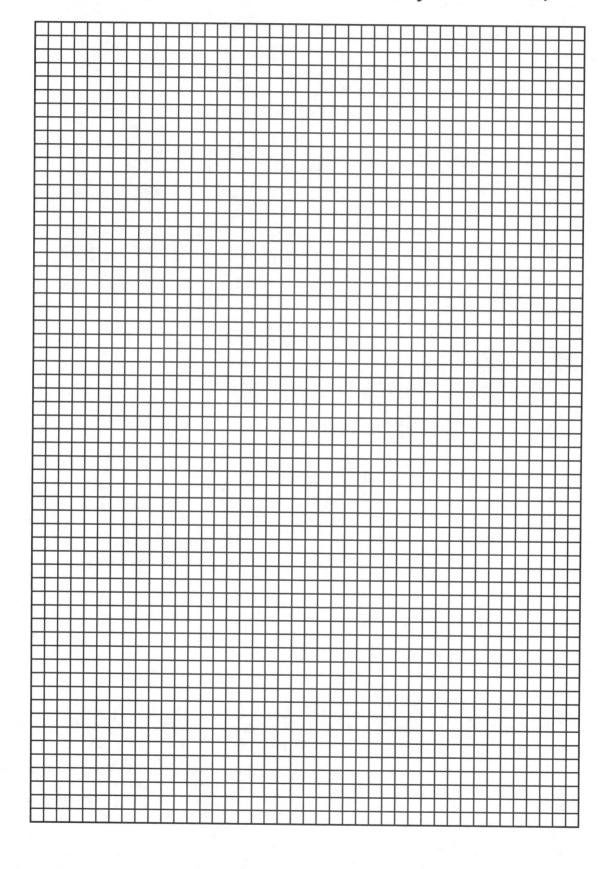

# PAPEL ISOMÉTRICO

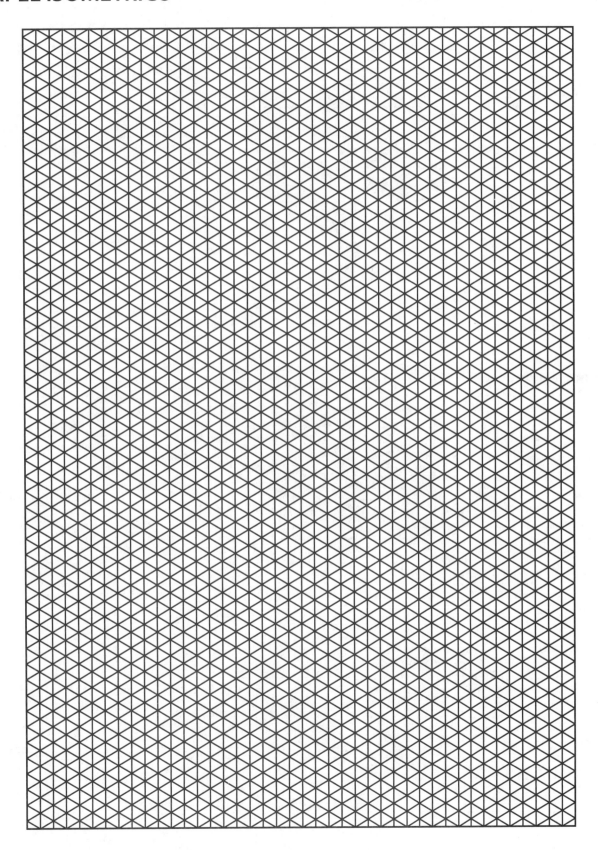

# PLANTILLAS CURVAS

**Concha**

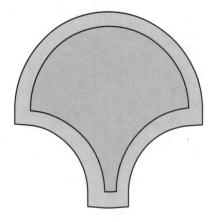

**Sendero de borracho**

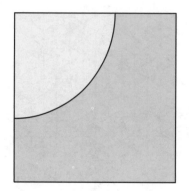

**Hacha doble**

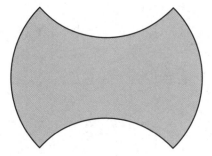

# SEGUNDA PARTE

# MÉTODOS Y TÉCNICAS PARA UNIR RETAZOS

Antes de iniciar una colcha de tamaño normal o un tapiz para la pared, intenta hacer algo más pequeño como tu primer proyecto con retazos. Las carpetas, los manteles individuales, las fundas para cojines y las colchas para cuna, son buenos proyectos para principiantes.

## GRÁFICAS

Elije un diseño a escala, tomando en cuenta la pieza terminada. Es obvio que un patrón grande que se repite no es adecuado en una colcha para cuna de bebé, pero tampoco hagas algo con una gran cantidad de retazos pequeños que podrías tardar mucho tiempo en terminar.

El papel cuadriculado (pág. 60 y 99) y el papel isométrico (pág. 61), te ayudarán a trazar tu patrón general, y luego a dibujar los retazos individuales con la forma y el tamaño precisos que necesitas. Decide cuál de los tres tipos de patrones o plantillas requieres (pág. 55), dependiendo de que estés cortando papel o que estés cosiendo a máquina o a mano.

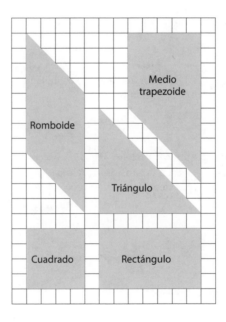

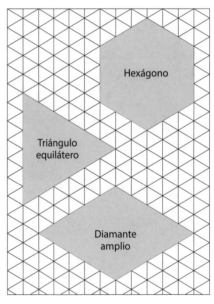

# CÓMO HACER PLANTILLAS

Corta las formas con cuidado en papel cuadrícula; ésas serán tus plantillas. La imprecisión más pequeña en este paso se convierte en un problema mayor en la etapa de coser.

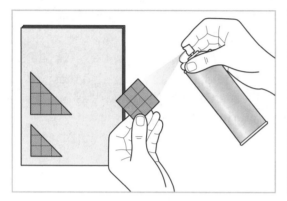

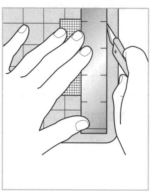

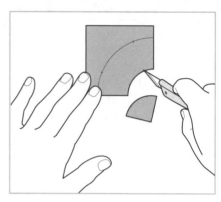

**1** Con aerosol adhesivo, pega cada forma en una hoja de cartón de montaje o de acetato.

**2** Corta las plantillas con un cúter que tenga buen filo y con la ayuda de una regla con borde metálico. Mantén tus dedos lejos de la hoja del cúter.

**3** Corta muescas en las plantillas curvas. Después, las muescas se marcan en la tela para emparejar las piezas al plancharlas.

Marca las plantillas con flechas que indiquen la trama de la tela (pág. 55) y escribe la nota "este lado hacia arriba" si existe algún riesgo de confusión. Además, escribe una nota diciendo cuántas piezas de cada forma necesitas, y de qué tela deben ser. Una preparación detallada ahorra tiempo.

**Las plantillas pueden hacerse con papel de lija de grado medio. Es perfecto para proyectos a corto plazo y se adhieren a la tela cuando se están marcando. Una hoja completa de papel de lija colocada bajo una tela resbalosa la mantiene firme cuando se hacen trazos en ella.**

# FORMAS ESTÁNDAR

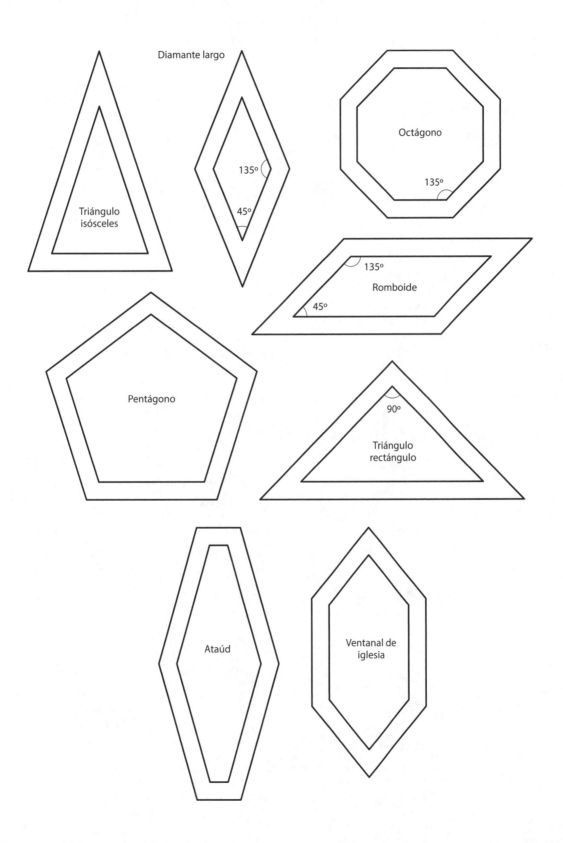

Diamante largo

Octágono

135°

Triángulo
isósceles

135°

45°

135°

Romboide

45°

Pentágono

90°

Triángulo
rectángulo

Ataúd

Ventanal de
iglesia

# CÓMO CORTAR FORMAS DE TELA

Con un lápiz con buena punta, traza las formas por el revés de la tela, empezando con las tiras o bandas (págs. 76-77). Corta las piezas largas siguiendo la trama de la tela y corta las piezas curvas en tela sesgada.

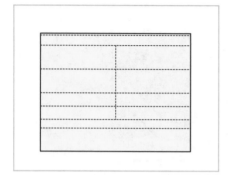

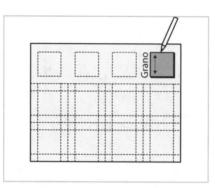

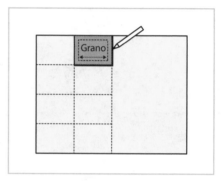

**1** Incluye un margen de costura de 6 mm para las tiras. Para hacerlo con precisión, usa una regla de borde recto y una regla de modista.

**2** Las plantillas que se cosen a mano se marcan con un margen de 6 mm. Con la práctica llegarás a hacerlo sin necesidad de usar una regla.

**3** Las plantillas que se cosen a máquina no incluyen un margen de costura, pero deben cortarse en forma muy exacta.

## El uso del cúter redondo y la regla

Recuerda que debes incluir un margen de costura de 6 mm. Debes usar almidón en aerosol en las tiras principales y debes plancharlas antes de seguir cortando.

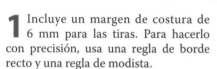

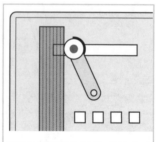

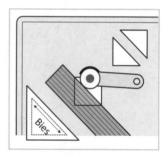

**1** Cómo cortar tiras sencillas

**2** Cómo cortar cuadros

**3** Cómo cortar triángulos rectánguloss

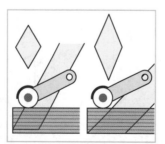

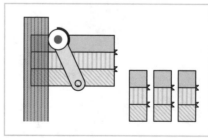

**4** Cómo cortar diamantes

**5** Cómo cortar tiras cosida

# COLCHAS DE RETAZOS TIPO SEMINOLE

Las colchas de tiras tipo seminole, que a menudo se usan como bordes decorativos, llevan el nombre de los indios seminoles del sur de Florida, cuyas colchas de retazos cosidas a máquina se desarrollaron alrededor de 1920.

Usa telas pre-encogidas de colores sólidos para trabajar con retazos al estilo seminole. Corta los orillos y corta la tela en tiras; rocíalas ligeramente con almidón y plánchalas. Después de coserlas, plancha las costuras de modo que queden hacia un lado, de preferencia hacia las telas más oscuras para evitar que se vean por el otro lado. Corta más tiras.

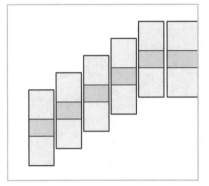

**1** Coloca las tiras de retazos, formando el patrón deseado.

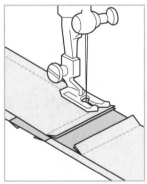

**2** Une las tiras cosiéndolas, primero en pares; luego continúa añadiendo piezas hasta que la banda esté completa.

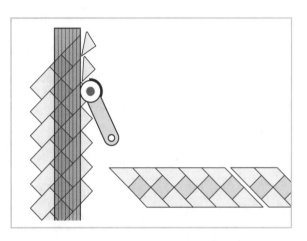

**3** Recorta los bordes superiores e inferiores con un margen de 6 mm.

## Diseños para los bordes

Los colores llamativos y claros te darán los mejores resultados. Tres o cuatro colores harán que un patrón sencillo parezca intrincado.

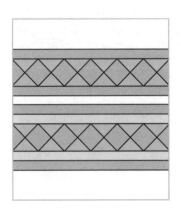

**1** Cose una o más tiras rectas en relación con la trama de la tela uniéndolas a la banda principal para crear diferentes efectos.

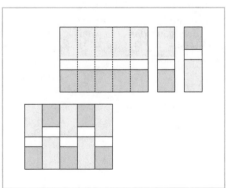

**2** Cose y une retazos de tres colores con diversos anchos. Corta e invierte tiras alternas.

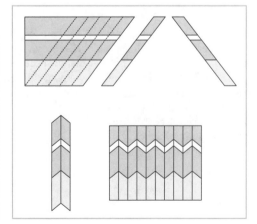

**3** Forma un diseño en zigzag con tiras cortadas en un ángulo de 45 grados. Ten cuidado de no estirar la tela cuando la estés cosiendo.

# RETAZOS TIPO INGLÉS

Los retazos hechos con una forma hexagonal se relacionan tradicionalmente con los diseños ingleses hechos a mano; se hacen con telas de algodón y se doblan con cuidado sobre un trozo de papel que actúa como soporte.

El hexágono interior de esta ventana muestra el tamaño del retazo terminado y es también la plantilla para los papeles (pág. 55); córtalos de papel tomado de revistas o catálogos viejos. Usa el margen exterior de la plantilla de la ventana para cortar el retazo y el margen de la costura. También puedes primero sujetar un papel a la tela con alfileres y cortar alrededor con un margen de 6 mm.

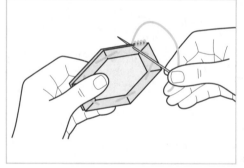

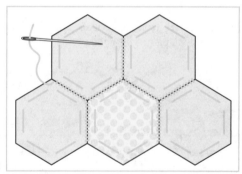

**1** Sujeta el papel a la tela con alfileres. Doblando la tela a medida que avanzas, hilvana la tela y el papel alrededor de todo el retazo. Esto mantiene todo en su lugar hasta que se haga la costura final. Prepara todos los hexágonos en esta forma.

**2** Une los retazos juntando el derecho de la tela y vuelve a coser un lado con cuidado de una esquina a otra. Las puntadas deben ser pequeñas y sólo deben tomar el doblez de la tela en cada ocasión.

**3** Haz un solo diseño tipo rosa uniendo seis hexágonos alrededor de un hexágono central. Se forman diseños dobles y triples añadiendo más anillos de retazos. No cortes el hilo, sigue adelante tanto como puedas con un solo hilo. El hilván y los papeles siguen en su posición hasta las etapas finales del proyecto.

## Puntadas para coser retazos a mano

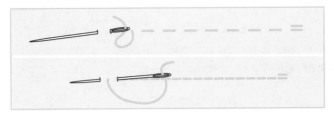

**Puntada simple** (izquierda) – Sujeta el hilo con dos puntadas pequeñas. Mete y saca la aguja de la tela manteniendo las puntadas parejas.

**Punto atrás** – (abajo a la izquierda) – Empieza como si fueras a hacer puntada simple, pero cose hacia atrás en el primer espacio. Saca la aguja de nuevo con el tamaño de una puntada, adelante de la última puntada que hiciste. Repite, regresando la aguja al punto donde terminó la puntada anterior.

**Puntadas sobre el borde de la tela.** Sujeta el hilo con dos puntadas pequeñas al principio y sigue adelante con puntadas diagonales a espacios del mismo tamaño. Cose de derecha a izquierda o de izquierda a derecha.

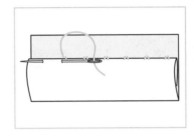

**Puntada invisible** – Para unir un borde doblado a una superficie plana sin que se vean las puntadas. Toma algunos hilos de la tela plana con la aguja, acerca el doblez y desliza la aguja al interior antes de sacarla para hacer la siguiente puntada.

# PROYECTO: MANTEL INDIVIDUAL

El mantel individual tiene un solo diseño cosido a una base sencilla de tela. De la tela de la base, corta dos hexágonos del tamaño que deseas que tenga el mantel individual, con un centímetro de margen de costura. Es opcional añadir una capa de entretela.

Calcula el tamaño del diseño y tomándolo en cuenta, tendrás el tamaño del hexágono. Sigue las instrucciones para hacer plantillas (pág. 64). Corta los papeles con la plantilla y cose el diseño como se muestra en la página anterior. Quita el hilván y los papeles y plancha la tela.

Sujeta con alfileres e hilvana el diseño al lado derecho de uno de los hexágonos grandes. Únelo con puntada invisible a la tela de la base. Cose con cuidado alrededor de cada hexágono para que queden más firmes. Usa hilo de bordar para darle un efecto decorativo.

Sujeta con alfileres e hilvana los dos hexágonos grandes por el derecho. Cose a máquina alrededor de cinco lados sin coser a través del diseño. Corta las esquinas, voltea el mantel al derecho y cose con puntada invisible el lado que quedaba abierto. Plancha el mantel.

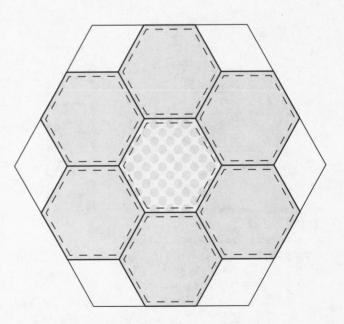

# ¿COSER A MÁQUINA O COSER A MANO?

Ambos métodos son aceptables, depende de las preferencias personales. Coser a mano es más lento, pero algunos procesos, como doblar esquinas y unir piezas se hacen con más facilidad a mano. Coser a máquina es más rápido, y a menudo más fuerte, pero para corregir los errores es necesario saber quitar puntadas con un descosedor.

### Coser a mano sin papeles

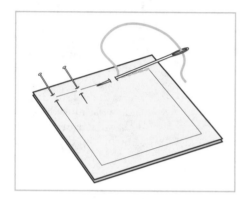

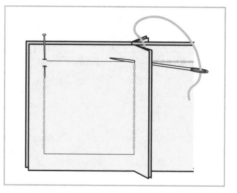

**1** Sujeta con alfileres los retazos uniéndolos por el lado derecho, emparejando las líneas marcadas en la parte de enfrente y en la parte de atrás. Haz puntadas pequeñas y parejas a lo largo de las líneas, empezando y terminando con un punto atrás. Une varios retazos de esta manera para formar una fila.

**2** Une las filas con puntadas sencillas. En cada cruce, has un punto atrás, como en el número 1. Cose a través del margen de la costura y haz otro punto atrás. Esto garantiza que tengas una unión limpia en cada esquina.

**3** Plancha las costuras hacia un lado, hacia las telas más oscuras para evitar que se vean, o puedes hacerlo alternando los lados para evitar que se formen bultos.

### Cómo unir retazos a máquina

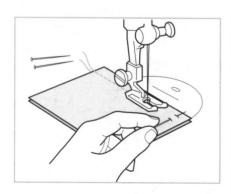

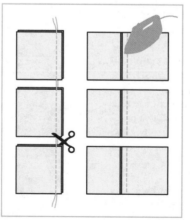

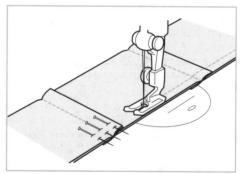

**1** Sujeta los retazos con alfileres, por el lado derecho de la tela. Si no hay líneas marcadas, haz las puntadas con un margen de costura basándote en el borde del pie prensatela. Quita los alfileres a medida que avanzas.

**2** Forma una cadena con los pares de retazos para ahorrar tiempo e hilo. Corta las costuras y plánchalas hacia un lado.

**3** Cuando unas las filas, coloca alfileres en los márgenes de costuras en diferentes direcciones para evitar que se formen bultos. Quita los alfileres a medida que avanzas.

# TÉCNICAS PARA UNIR

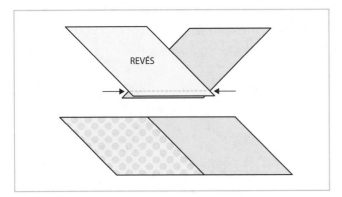

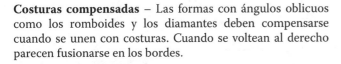

**Costuras compensadas** – Las formas con ángulos oblicuos como los romboides y los diamantes deben compensarse cuando se unen con costuras. Cuando se voltean al derecho parecen fusionarse en los bordes.

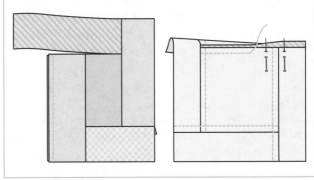

**Unir ángulos rectos** – Para añadir la cuarta tira alrededor de un cuadrado central: Cose hasta la mitad; abre y fija con alfileres las piezas extendidas a la nueva tira; termina la costura.

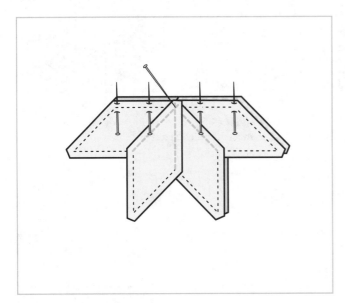

**Unión de ocho costuras** – Para unir dos mitades de una estrella de ocho puntas: Fija con alfileres el centro de ambas mitades donde las costuras se unen. Fija con alfileres el resto de las dos mitades a lo largo del margen de la costura y cose a mano con cuidado para que los puntos se junten con precisión en el centro. Abre la pieza de modo que quede plana y plancha todas las costuras en una dirección, girando el centro como cuando se unen piezas.

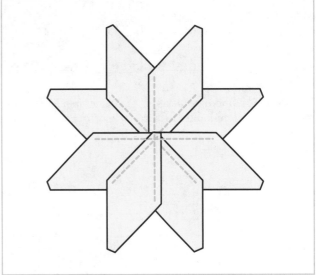

**A máquina** – Cose las dos mitades uniéndolas a lo largo del margen de costura; pasando directamente a través del punto del diamante superior. Abre de modo que la pieza quede plana, y plancha las costuras dejándolas como quedaron después de unirlas por primera vez.

# BLOQUES

El método de hacer colchas con bloques es esencialmente americano. Se desarrolló en los primeros días de la colonia cuando toda la familia dormía bajo una enorme colcha; las partes de la colcha se cosían por separado y después se unían formando un patrón general.

Los bloques normalmente se basan en una cuadrícula; los tipos más comunes tienen cuatro, cinco o nueve retazos. Sus nombres regionales típicos conmemoran a las personas, los lugares y los sucesos de la época.

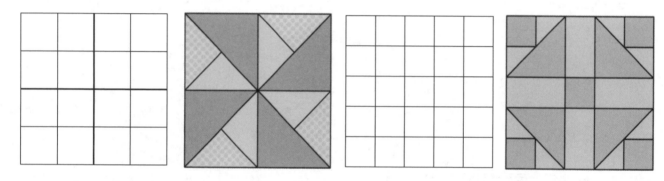

**Trompo** – El número de piezas en cualquier bloque de cuatro retazos debe ser múltiplo de cuatro.

**Favorito de la abuela** – Se hacen bloques de cinco retazos en una cuadrícula de veinticinco cuadros.

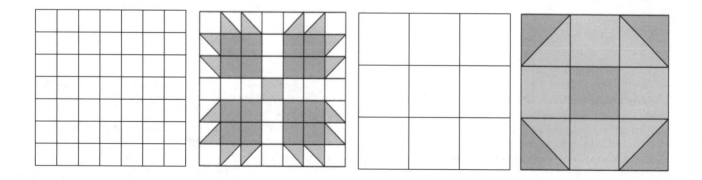

**Huellas de oso** – Es menos común; tiene bloques de siete retazos en base a cuarenta y nueve cuadros.

**Variación bola de nieve** – Los bloques de nueve retazos son ideales para principiantes y son la base de muchos patrones tradicionales.

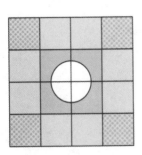

**Luna llena** (4 retazos)

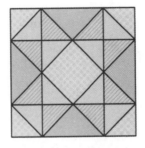

**Tippecanoe** (4 retazos)

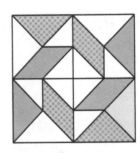

**Cuadro del viento** (4 retazos)

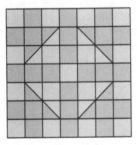

**Vía Láctea** (5 retazos)

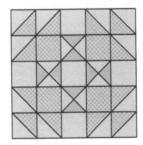

**Handy Andy** (5 retazos)

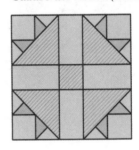

**Cruz y corona** (5 retazos)

**Plataforma de Lincoln** (7 retazos)

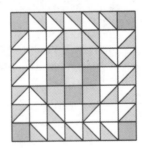

**Tuna** (7 retazos)

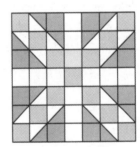

**Caminos del campo** (7 retazos)

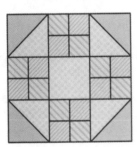

**Reina de la pradera** (9 retazos)

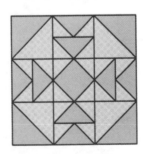

**Bloque T** (9 retazos)

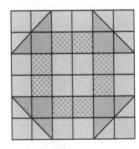

**Churn Dash** (9 retazos)

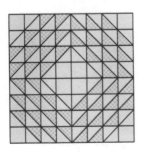

**Ola del océano** (4 retazos)

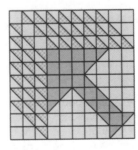

**Pino** (5 retazos)

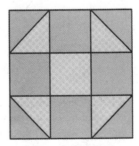

**Vete mosca** (9 retazos)

# UNIR PIEZAS

## Unir piezas a mano

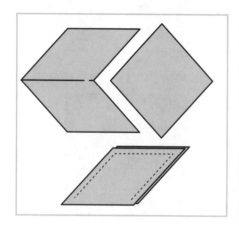

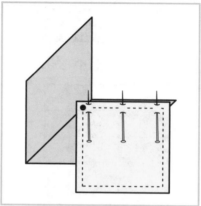

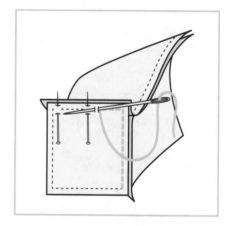

**1** Al unir las piezas, se forma un ángulo con dos piezas que ya se habían unido antes. La costura del primer par debe terminar en un punto atrás a 6 mm del borde de la tela.

**2** Con los lados derechos de la tela juntos, sujeta con alfileres la pieza nueva en el ángulo de modo que las esquinas coincidan (ver los puntos). Cose desde el borde exterior hacia la esquina, haz un punto atrás pero no cortes el hilo.

**3** Mueve la pieza nueva de modo que puedas sujetar con alfileres el lado adyacente en el ángulo. Cose desde el punto atrás hacia la orilla externa de la unión.

## Unir piezas a máquina

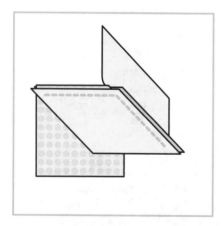

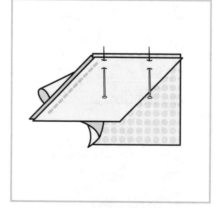

Cuando te sea posible, evita poner las piezas en ángulo recto, colocando un bloque de tiras horizontales o verticales que puedan unirse con costuras rectas.

**1** Con los lados derechos juntos, fija con alfileres la pieza nueva en el ángulo de modo que las esquinas coincidan. Cose a máquina desde la esquina hacia el borde externo. Corta el hilo.

**2** Mueve la pieza nueva para que puedas sujetar con alfileres el lado adyacente en el ángulo. Cose desde la esquina hacia el borde externo de la unión.

## Costuras curvas

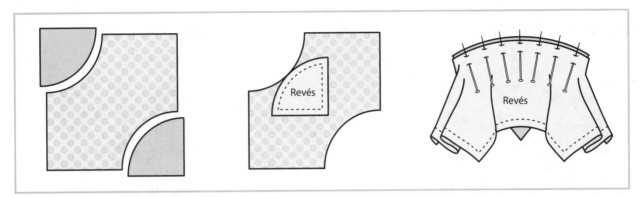

**1** Haz que las muescas coincidan (pág. 64) en ambas piezas y fija con alfileres los lados derechos de la tela del centro hacia fuera, asegúrate de que queden bien.

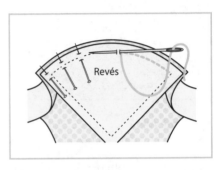

## Cómo planchar las costuras hechas a mano y a máquina

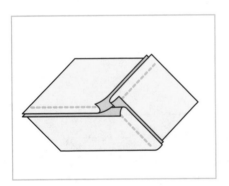

**Las piezas cosidas a mano** deben girarse y abrirse antes de plancharlas para evitar que se formen bultos en la unión. Plancha con cuidado ambos lados.

**2** Empieza y termina con un punto atrás, cose a mano o cose lentamente a máquina. Retira los alfileres a medida que avanzas.

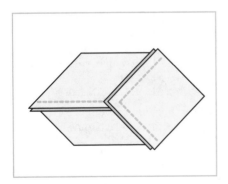

**Las piezas cosidas a máquina** se planchan hacia la costura del primer par, que está doblada hacia un lado. Plancha con cuidado en ambos lados.

# CÓMO UNIR BLOQUES

Estas ilustraciones muestran cuatro formas principales de unir los bloques de una colcha.

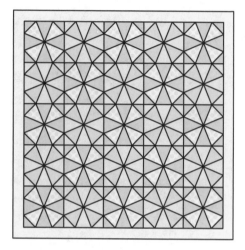

**De borde a borde** – Los bloques se unen directamente uno con otro, a menudo formando un patrón geométrico intrincado. Una variación es alternar bloques unidos y bloques sencillos, aumentando el área de retazos sin unir más bloques.

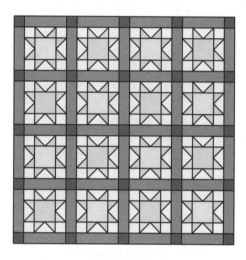

**Con bandas o diseño de celosía** – Los bloques están separados por tiras angostas. Las celosías también pueden hacerse en una sola dirección.

**Bloques diagonales** – Se giran 45 grados y se unen en sus puntas.

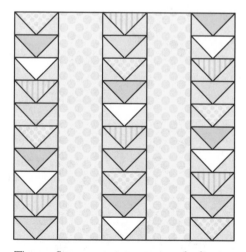

**Tiras** – Se cosen y se unen tiras de diseños alternos; pueden consistir de retazos unidos o de tela lisa o estampada.

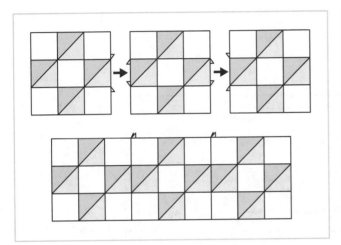

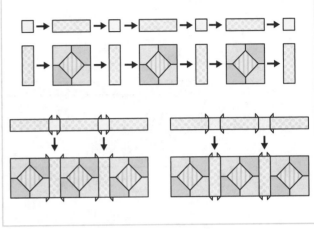

**Unir borde con borde** – Los bloques se unen unos con otros en hileras. Se cose cada bloque, por el derecho de la tela, a su vecino con el margen de costura usual de 6 mm. Los márgenes se planchan en diferentes direcciones en las filas adyacentes.

**Unir bandas** – Este estilo en particular usa cuadrados en contraste en las intersecciones, de modo que las bandas se unen como un boque. Los márgenes de las costuras se planchan en direcciones opuestas para evitar abultamientos.

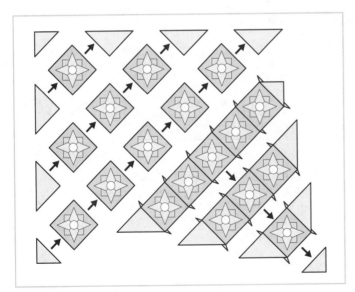

**Unir diagonales** – Las filas diagonales se terminan en los bordes con piezas de medio cuadrado o de una cuarta parte de un cuadrado.

**Encordado** – Produce una tela totalmente nueva a partir de la cual pueden crearse otras formas y patrones. Este estilo se desarrolló a partir de coser y unir piezas cortadas al azar. La creatividad al cortar y unir puede dar resultados caleidoscópicos.

# LA COLCHA DE RETAZOS

Ya sea que el diseño sea sencillo o complejo, una colcha de retazos es un proyecto de cierta magnitud. Hasta los patrones de una sola pieza necesitan planificación, en especial en lo relacionado con la combinación de colores. Consigue papel cuadriculado (págs. 60-61) y haz algunos dibujos a escala. Aunque hayas decidido hacer cierto patrón, necesitarás diseñar un borde.

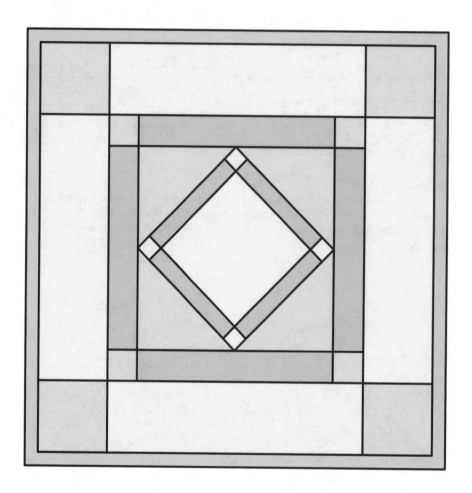

Los amish, un grupo de personas de vida sencilla, emigraron de Alemania y se establecieron en el Condado de Lancaster, Pensilvania, en 1727. Esta colcha con un *diamante central* es uno de sus diseños más antiguos. Cosían trozos grandes de tela con puntadas pequeñas (págs. 96-97), creando plumas con rizos, conchas y estrellas que daban vida a la sobria geometría de esta colcha.

Un bloque estilo amish puede hacerse de cualquier tamaño que se desee. Es fácil adaptarlo de manera que forme un elemento de un patrón "ensamblado sencillo". Y en la tradición amish, los colores podrían incluir el color vino, el verde oliva, el café rojizo o el azul oscuro.

## Diseños de una forma

Los diseños de una forma son una manera de mostrar el manejo inteligente del color, la luz y los efectos de las sombras. Su éxito se basa en la buena elección de telas y en la habilidad de mantener las costuras alineadas. El uso del papel (pág. 68) ayuda a lograr la precisión.

**Bloques en picada** – Un diseño tradicional que utiliza cantidades iguales de luz, telas de tonos medios y oscuros en un patrón repetitivo que crea la ilusión de bloques que van cayendo. La plantilla del diamante ancho (que consta esencialmente de dos triángulos equiláteros) tiene un ángulo de 120 grados. La secuencia de las piezas puede formarse cubo tras cubo; pueden unirse en filas o en columnas.

**Rayos de sol estilo menonita** – Éste es otro diseño tradicional que requiere mucha atención al cortar y al coser. La plantilla del diamante largo tiene un ángulo de 45 grados y otro de 135 grados (pág. 65). Ver abajo el diagrama que muestra cómo juntarlo. Cada segmento consta de 49 diamantes unidos por el centro con una unión de ocho puntadas (pág. 71).

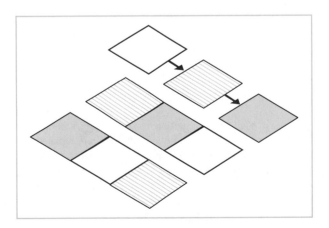

## Cabaña de troncos

El patrón más famoso, la *Cabaña de troncos*, es popular por su gran sencillez. Tiras de tela de tejido firme se cosen alrededor de un cuadro central para formar un cuadro más grande. No se necesitan plantillas y puede coserse a mano o a máquina; puede hacerse con una sola capa de tela o se le puede poner cierto tipo de respaldo. La *Cabaña de troncos* tiene muchas variaciones, tanto en la forma en que se unen las piezas como en la forma de colocar los bloques, pero el factor común es el contraste diagonal entre los tonos claros y oscuros. Por tradición, un cuadro central de color rojo representa el fuego de la chimenea.

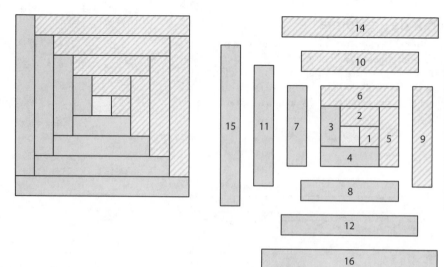

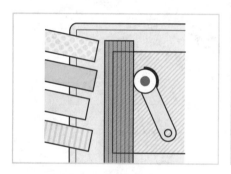

**1** Prepara tiras de tela con un cúter (cortador) rotativo. Incluye un margen de costura de 6 mm a cada lado.

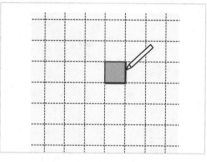

**2** Marca la tela con un cuadrado central para cada bloque y corta con cuidado.

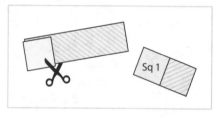

**3** Juntando el lado derecho de la tela con un margen de costura de 6 mm, cose la primera tira de tela de color claro. Corta las tiras de modo que midan lo mismo que el cuadrado y plancha las costuras hacia el centro.

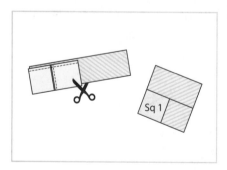

**4** Une la segunda tira de tela de color claro y córtala de modo que mida lo mismo que la tira anterior, tomando en cuenta el cuadrado. Plancha.

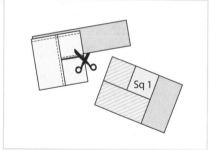

**5** Une la primera tira de tela oscura y sigue uniéndolas en la dirección contraria a las manecillas del reloj; corta el trozo sobrante y haz que coincida con la pieza central. Plancha.

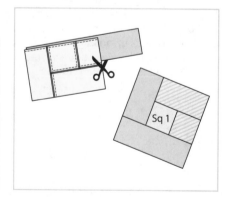

**6** Une la segunda tira de color oscuro, cortando el trozo sobrante de modo que coincida con la pieza central, como lo hiciste antes. Plancha. Continúa con la secuencia de tela de color claro y oscuro hasta completar el bloque.

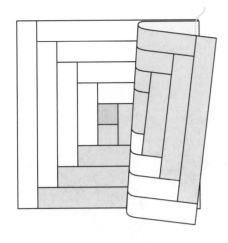

Plancha los bloques terminados con cuidado y verifica que sean cuadrados. Recorta si es necesario, utilizando una superficie para cortar y una regla. Todos los bloques deben ser del mismo tamaño y deben ser cuadrados para que el patrón general sea apropiado. Une los bloques con costuras de borde a borde, utilizando el patrón de Cabaña de troncos que elegiste.

**Luz y sombra**

**Surcos**

**Relámpagos**

**Construyendo el granero**

**Escalones del Palacio de Justicia**

## Cómo planchar costuras

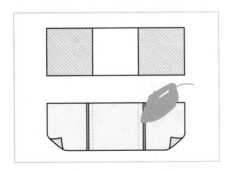

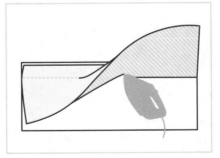

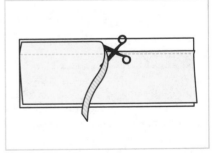

**1** Las costuras de los retazos siempre se planchan hacia un lado, no abiertas como cuando se cosen vestidos, y hacia la tela más oscura si es posible (ver también la pág. 67).

**2** En las uniones complicadas o en las curvas, plancha la costura abriéndola por el lado derecho de la tela y doblando la tela más oscura sobre sí misma.

**3** Si tienes que planchar una costura en cierta forma para evitar abultamientos de la tela, haz que el margen de la costura de la tela más oscura quede más angosta para evitar que se vea por el otro lado.

## Piezas curvas

Las piezas curvas son más difíciles de coser que las piezas rectas, pero con la práctica (pág. 75) los resultados serán excelentes. Las plantillas para el Sendero del borracho y el Hacha doble están en la pág. 62.

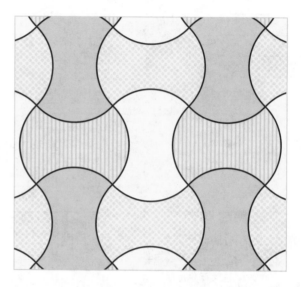

**Hacha doble** – Un patrón adaptable que tiene una sola forma y que puede trabajarse en varias escalas. Como no hay líneas rectas, cada costura debe fijarse con alfileres y coserse de tal manera que no se frunza, lo que significa que este patrón es más apropiado para personas experimentadas en el campo de la costura o para alguien que tenga mucha paciencia. Usa sólo cuatro retazos en cada bloque para asegurarte de que las costuras quedan bien antes de unir un bloque con el siguiente.

**Sendero del borracho** – Un retazo de dos piezas que forma un bloque de 16 retazos de pares bien distribuidos. El trayecto en zigzag de un borracho, se ve muy bien en dos colores; la tela más apropiada es el algodón tejido. Sin embargo, este patrón puede trabajarse usando tela de un tono para el camino que enmarca las demás piezas hechas con telas de otros cinco o seis colores lisos o de telas estampadas. El resultado es similar a un vitral.

## Patrón tipo concha

Las telas de seda o satín en suaves tonos pastel son totalmente distintas a los retazos de telas de algodón de colores brillantes, sin embargo, ambas son adecuadas para el patrón tipo concha. Coloca las telas de colores lisos y las telas estampadas en filas o cóselas al azar. Las plantillas están en la página 62.

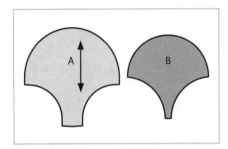

**1** Traza las plantillas A y B en cartulina delgada y corta la tela usando la plantilla A.

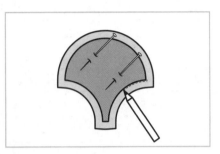

**2** Fija con alfileres la plantilla B sobre el lado derecho de la tela y marca las curvas inferiores con un marcador de telas.

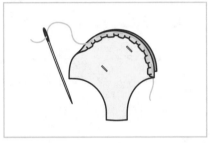

**3** Voltea la tela al revés e hilvana formando dobleces pequeños guiándote por la curva superior.

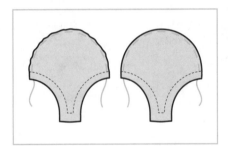

**4** Retira la plantilla B y plancha por el derecho para mantener la forma de la curva. Prepara todas las piezas en esta forma antes de unirlas.

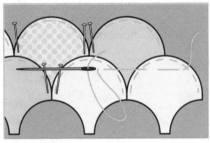

**5** Fija las conchas con alfileres formando filas escalonadas sobre una base de cartón, colocando las curvas superiores a la altura de las marcas de las curvas inferiores. Únelas con hilvanes horizontalmente.

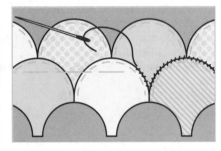

**6** Retira los alfileres de las filas hilvanadas separándolas de la base de cartón y cóselas con una puntada invisible a lo largo de las curvas superiores.

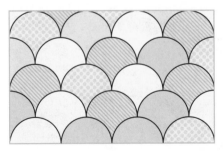

**7** Retira los hilvanes de las áreas que ya estén cosidas, pero no de los bordes que todavía no has cosido, hasta que se hayan doblado y terminado.

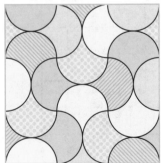

**8** Usando la base de cartón, como en el número 5, voltea las conchas hacia un lado. Coloca las curvas superiores en las marcas de las curvas inferiores y une con hilvanes antes de coser con una puntada invisible, como en el número 6.

## Colchas con imágenes

**Casas** – Esta imagen es una variación de la escuelita tradicional. Puedes hacerla con telas de colores lisos, con telas a rayas o con cuadros pequeños. El fondo sencillo se une combinando bandas (págs. 76-77) y formas geométricas.

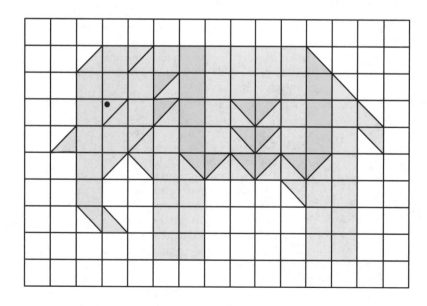

**Elefante** – Como se muestra en la ilustración, puede crearse un elefante con cuadros y triángulos sencillos. Como toque final, puedes coser aplicaciones para formar el ojo y las uñas de las patas, y una cola con flecos (pág. 94). Usa papel cuadriculado para crear diseños de otros animales; los peces y las aves se hacen con cuadrados y triángulos. Hazlos grandes; se ven muy bien en las colchas y los cojines de los niños.

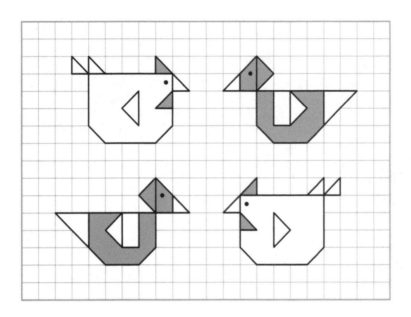

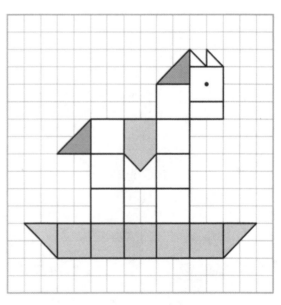

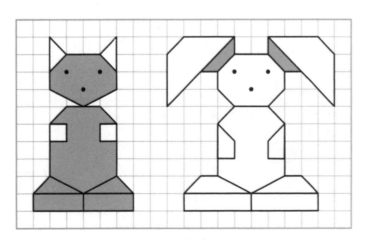

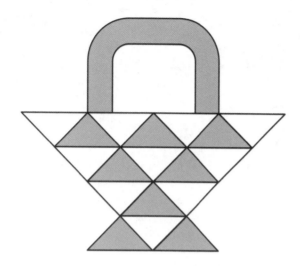

**Canasta** – Ésta es una imagen muy tradicional que se hace con una serie de triángulos. El asa se hace con una aplicación hecha con un solo trozo de tela.

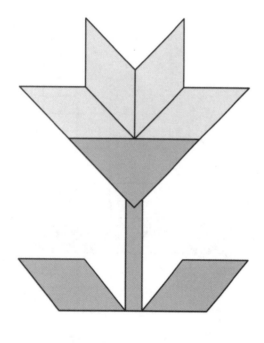

**Tulipán o lirio** - Éste es otro diseño tradicional que consta de un diamante, un triángulo y una aplicación para formar el tallo.

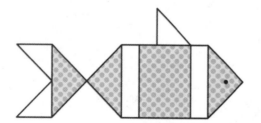

**Pez** – Usa seda, satín o tela metálica para darle un efecto de centelleo.

# TERCERA PARTE

# CÓMO ARMAR LA COLCHA

## UN BORDE BÁSICO

El borde alrededor de la parte superior de una colcha puede ser muy sencillo (págs. 91-92) o puede trabajarse de manera tan intrincada como el patrón superior en sí (pág. 67). También puede usarse como una banda (págs. 76-77) para armonizar con los colores que enmarca.

Este borde consta de cuatro tiras que no tienen una unión en las esquinas de la tela. Córtalo de cualquier ancho, puede usarse para aumentar el tamaño de la colcha sin unir más retazos.

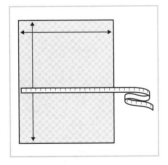  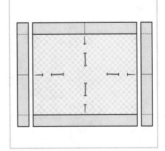 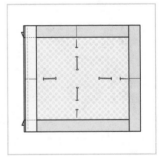

**1** Mide la parte media en ambas direcciones. Corta cuatro tiras para bordes, incluyendo un margen de costura de 6 mm. Corta dos del largo de la colcha de retazos; los otros dos deben ser del mismo tamaño, pero añadiendo el ancho de las dos tiras del borde.

**2** Toma primero las tiras del largo. Sujeta con alfileres por el lado derecho de la tela hasta el punto medio, luego hacia fuera por cada extremo. Hilvana con firmeza antes de coser. Plancha.

**3** Alinea las tiras más cortas, fíjalas a la colcha con alfileres e hilvana, como en el número 2.

**4** Cose las demás tiras directamente al final de las dos primeras formando una unión cuadrada. Plancha.

# ENSAMBLADO

## Cómo insertar la guata (entretela)

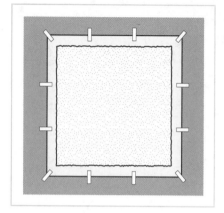

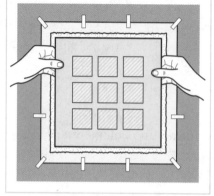

**1** Plancha las costuras del forro (pág. 59). Con el revés de la tela hacia arriba, fíjala con cinta adhesiva a una superficie plana. Centra la guata con un margen alrededor.

**2** Después de planchar bien la parte superior de la colcha y de asegurarte de que es cuadrada, coloca el derecho de la tela sobre la guata.

## Fijar con alfileres e hilvanar

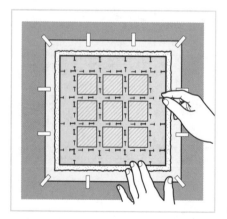

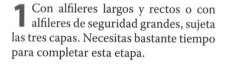

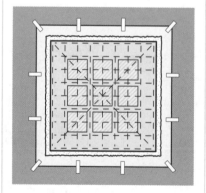

**1** Con alfileres largos y rectos o con alfileres de seguridad grandes, sujeta las tres capas. Necesitas bastante tiempo para completar esta etapa.

**2** Haz un nudo en el extremo del hilo y, comenzando en el centro, hilvana hacia los bordes. Primero, haz puntadas en sentido horizontal y vertical a intervalos de 10 cm, luego cose desde el centro en diagonal hacia cada esquina.

## Cómo coser una colcha a máquina

Si una colcha es demasiado gruesa como para coserla a mano, pon en la máquina de coser hilo No. 40 y una aguja nueva 90/14; configura el largo de las puntadas a diez por cada 2.5 cm. Elije un hilo de alta calidad que combine con tu colcha de retazos y llena dos bobinas con un hilo de un color que haga juego con el forro. *No uses hilo para coser colchas a mano*, pues tiene un recubrimiento de cera que interfiere con los discos de tensión de la máquina de coser.

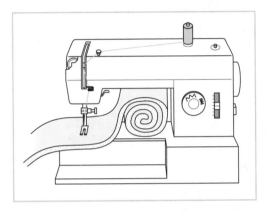

**1** Enrolla un extremo de la colcha y métela en el espacio de la máquina de coser. Empieza con líneas paralelas de puntadas en el punto medio a lo largo de un borde. Comienza y termina cada línea con puntadas hacia delante y hacia atrás.

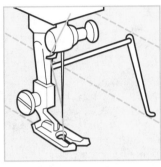

**2** Si tienes un pie para colchas (pág. 18) úsalo. Una guía de espacios es muy útil para lograr un intervalo regular entre las líneas de puntadas.

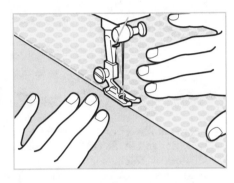

**3** No arrastres la colcha a medida que coses, esto hace que se salte puntadas. Alisa la tela a cada lado de la aguja y avanza a una velocidad uniforme. Revisa la parte de atrás para asegurarte de que no se formen lazos o pliegues al final de cada línea.

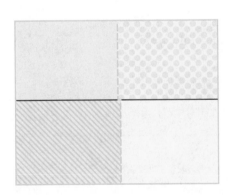

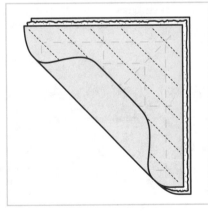

**5** Enrolla la colcha en dirección diagonal cuando hagas costuras diagonales. Empieza a la mitad, como en el punto 1.

**4** Lo ideal es que las puntadas concuerden, pero puedes saltarte una diferencia pequeña en las uniones cuando la forma de la colcha siga las costuras de los retazos.

## Cómo coser colchas a mano

Hilvana las capas de la colcha para unirlas (pág. 88). Las personas que hacen colchas a mano a menudo usan un aro o bastidor, aunque muchas trabajan sin ellos. Usa un dedal de metal o de cuero en el dedo de en medio de la mano con la que coses. Enhebra una aguja número 8 o 10 con hilo para colchas recubierto de cera, hazle un nudo en un extremo.

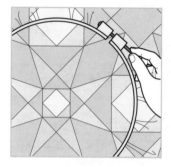
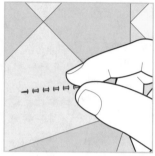

**1** El aro para hacer colchas tiene dos anillos. Sepáralos y coloca la colcha sobre el anillo interior. Coloca el otro anillo sobre la tela extendida y aprieta y atornilla los anillos.

**2** Con una mano bajo la colcha para guiarte, cose una serie de puntadas seguidas (pág. 69) desde arriba. Empuja la cabeza de la aguja con el dedal al introducir la punta haciéndola subir y bajar a través de las capas de tela.

**3** Tensa el hilo de modo que cada hilera de puntadas se defina. Si es difícil hacer pasar la aguja, sujétala con un globo de juguete que no esté inflado.

## Colchas con nudos

Los nudos son una forma rápida de sujetar las capas de tela que no necesitan hilvanarse. Los nudos pueden verse atractivos; por ejemplo, podrías usar dos colores de estambre para tejer juntos, hilos de bordar o incluso botones.

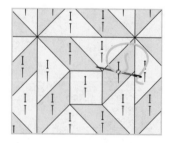
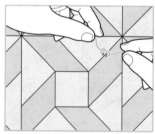
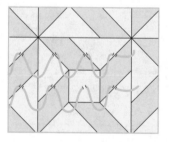

**1** Marca las posiciones de los nudos con alfileres largos. Haz un punto atrás en cada alfiler y corta el hilo.

**2** Amarra los extremos con doble nudo y corta las puntas.

**3** Otra forma de hacerlo es unir todos los "punto atrás" con lazos largos.

**4** Corta los lazos y anuda cada par de puntas del hilo sobre la puntada central.

# EL ACABADO

## Borde doblado

Éste es el acabado más sencillo. Recorta la tela superior, la guata y el forro de modo que queden parejos alrededor de la colcha. Dobla juntos la tela superior, la guata y el forro a una distancia de 15 mm. Sujeta con alfileres o hilvana para que mantengan su posición, si es necesario. Dobla el borde superior hacia abajo una vez para que corresponda con el borde doblado del forro. Une la parte superior y el forro con una costura.

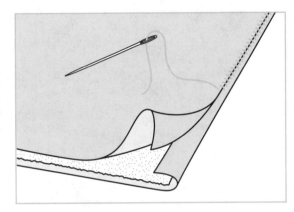

## Borde envolvente

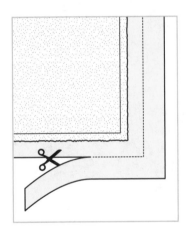

**1** Después de emparejar con la tijera la parte superior y la guata, corta el forro con un margen de costura de 2.5 cm a todo el derredor.

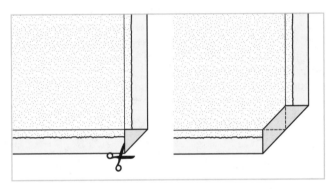

**2** Dobla, corta y dobla de nuevo cada esquina del forro, preparándote para hacer uniones diagonales.

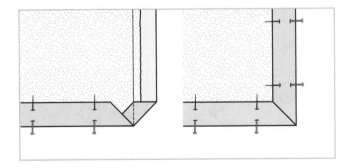

**3** Dobla el forro hacia arriba para que corresponda con la parte superior y forma un borde envolvente. Voltea las orillas sin costura hacia abajo y sujeta con alfileres los lados adyacentes, de modo que las esquinas se encuentren en una línea diagonal muy clara.

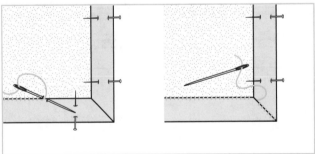

**4** Usando un hilo que haga juego, une el forro a la parte superior de la colcha con puntadas invisibles a todo el derredor, cerrando las uniones diagonales de las esquinas a medida que avanzas.

## Borde recto

Mide la colcha en ambas direcciones y añade 5 cm a lo largo y a lo ancho. Siguiendo la trama de la tela (pág. 14), corta cuatro tiras de 3.8 a 5 cm de ancho. Plancha un doblez de 6 mm en un lado de cada tira.

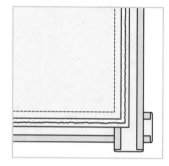 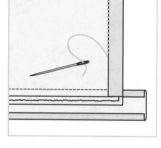 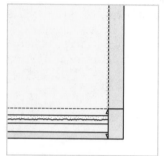 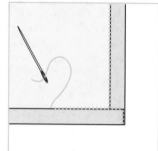

**1** Juntando el lado derecho de la tela, alinea el borde que no está doblado con el borde de la parte superior de la colcha. Únelos cosiendo a máquina con un margen de costura de 6 mm. Prepara los cuatro lados en esta forma.

**2** Dobla el borde planchado del forro sobre el revés de la tela. Sujeta con alfileres y cose con puntadas invisibles el primer lado a la tela del forro, cubriendo la primera línea de costuras.

**3** Dobla hacia adentro el borde del forro adyacente. Recorta si es necesario.

**4** Dobla hacia arriba para cubrir todos los bordes. Cose con puntadas invisibles a la tela del forro como en el número 2 y cierra el cuadrado de la esquina. Repite alrededor de la colcha.

## Borde con bies

El borde con bies a menudo se usa en colchas que no se pueden terminar volteando la tela. Puede ser hecho en casa con tiras de tela en sesgo planchadas al vapor y con el ancho que desees, o puede comprarse de diferentes anchos y materiales.

## Firma tu colcha

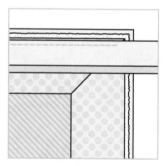 

**1** Abre con la plancha un lado del bies. Junta el lado derecho de la tela, alíneala con el borde de la parte superior de la colcha. Sujeta con alfileres y cose a lo largo de la línea del doblez del bies.

**2** Sigue cosiendo alrededor de la colcha. El bies (pág. 14) se extenderá alrededor de las esquinas como se muestra en la colcha estilo *Rosa de Siria* que aparece en la página siguiente.

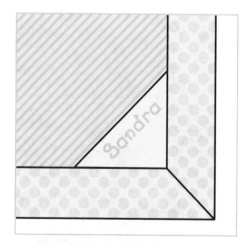

Como toque final, borda tu nombre y la fecha en la colcha. Bórdalo en la orilla o haz una etiqueta separada que puede coserse con puntada invisible en el forro o unirse con cuidado a la esquina, como se ve aquí.

# CUARTA PARTE

# APLICACIONES EN COLCHAS

## APLICACIONES

Aplicación significa "Ornamentación ejecutada en materia distinta de otra a la cual se sobrepone" y describe la técnica de coser una tela sobre otra, a mano o a máquina. Es una destreza práctica y decorativa, y se usa en la ropa o en artículos para el hogar como colchas y cojines. Como arte relacionado con las telas, el uso de aplicaciones se remonta a los antiguos egipcios y en la actualidad se ha establecido firmemente entre las personas que diseñan y hacen colchas.

El patrón conocido como *Rosa de Siria* aparecía con frecuencia en las colchas matrimoniales en Estados Unidos. Un diseño complejo de aplicaciones como éste requiere una planificación cuidadosa; los dibujos muestran el orden en que se bordan las partes del diseño de la rosa. Las formas que se repiten se cortan en plantillas de papel o de cartón, que se basan en los diseños originales hechos en papel cuadrícula. Al terminar, siempre debes planchar la aplicación con el derecho de la tela hacia abajo, sobre una superficie acolchada.

Bloque de la Rosa de Siria

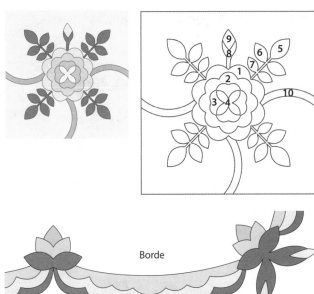

Borde

## Cómo cortar y coser la aplicación

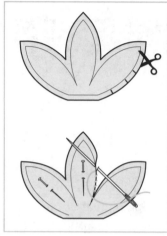

**1** Fija la plantilla con alfileres a la tela y traza la figura con un marcador de telas. Corta la forma con un margen de costura de 6 mm; no dejes margen si tienes planeado sobrecoser.

**2** Haz pequeños cortes en las curvas para que el borde quede parejo al coser la aplicación a la base (pág. 69). Usa una aguja número 8 y un hilo encerado para colchas; dobla el margen de la costura con la punta de la aguja conforme vas cosiendo.

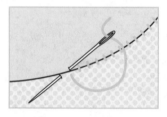

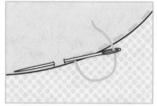

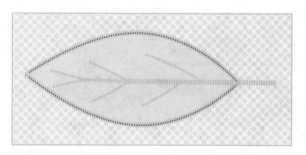

**3** Puedes sobrecoser las orillas directamente sobre la tela base. Haz las puntadas muy juntas si los bordes se deshilachan.

**4** Puedes usar puntadas simples para unir material que no se deshilache.

**5** La máquina de coser ofrece una amplia diversidad de opciones para fijar aplicaciones, como la puntada en zigzag y la puntada tipo satín.

## Cómo hacer contornos con galón y cuerdas

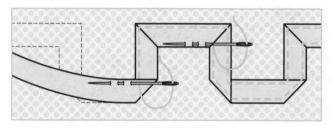

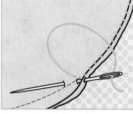

**1** Enfatiza las formas de las aplicaciones usando contornos. El galón puede coserse a mano o a máquina; sin embargo, debe hacerse con precisión y sin arrugas.

**2** La cuerda define las curvas que no se pueden definir con el galón. La aguja pasa a través de la cuerda y toma hilos de la orilla de la aplicación, uniéndolos.

## Aplicaciones hawaianas

Son un estilo formalizado de aplicaciones en el que se cortan diseños intrincados en papel doblado y se transfieren a telas sencillas o de colores. La tela se corta y se cose a un fondo blanco. Después, se unen a la colcha con un patrón de filas múltiples que se conocen como *kapa lau*.

La plantilla empieza como un trozo cuadrado de papel que se dobla a la mitad dos veces, y luego se dobla una tercera vez en diagonal, lo que produce ocho secciones. Se dibuja un diseño en una sección triangular y se traza en un trozo de tela doblada en la misma forma.

Las capas de tela se unen con alfileres y la aplicación se recorta con unas tijeras que tengan buen filo a lo largo de las líneas que se trazaron. Se abre y se fija con alfileres y se hilvana con firmeza a la tela blanca que le sirve de base. Trabaja desde el centro hacia fuera, haz un doblez de 3 mm en el borde de la aplicación y sobrecose con cuidado en la dirección de las manecillas del reloj con un hilo encerado que combine bien con la aplicación.

# PLANTILLAS ANTIGUAS

Éstas son dos plantillas de mediados del siglo XIX que se cortaron de un periódico de la época y se usaron para crear diseños de aplicaciones para una colcha matrimonial que tristemente nunca se terminó.

# EL PROCESO DE ACOLCHAR

Acolchar es el proceso de unir las tres capas de una colcha enguatada con un patrón cosido que le da textura a una superficie lisa.

La confección de colchas llegó a ser una industria casera en la Inglaterra del siglo XIX, y ciertos diseños, como las conchas cónicas que se ven a la derecha, se convirtieron en un recurso habitual. Los artesanos y las mujeres se dedicaron a hacer colchas para otras personas, e incluso llevaban sus aros para trabajar con ellos en las casas de sus clientes. En Estados Unidos, esta actividad dio origen a reuniones sociales muy animadas que se conocían como "reuniones para hacer colchas".

## Método de costura

La introducción relacionada con coser colchas a mano y el equipo necesario para hacerlo aparecen en la pág. 90.

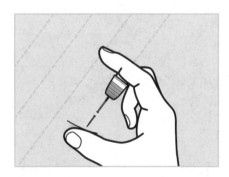

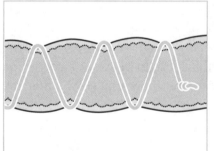

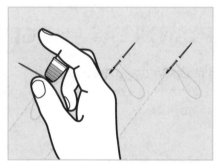

**1** Siguiendo las marcas, haz hileras de puntadas pequeñas y parejas que atraviesen las tres capas de la colcha. En el pasado, las hileras se cosían a intervalos de no más de 5 cm para asegurarse de que la guata permaneciera en su lugar.

**2** Con la práctica, podrás hacer puntadas más pequeñas. Son pocas las personas que logran el ideal de diez puntadas en 2.5 cm; es más realista hacer seis en este espacio. Tensa el hilo lo suficiente para producir hendiduras en ambas superficies.

**3** Como una ayuda para lograr un trabajo parejo en una colcha grande, es una buena idea trabajar con tres agujas distintas en tres hileras al mismo tiempo.

## Algunos detalles tradicionales al coser

**1** Patrón de un medallón amish y de un borde.

**2** Motivo de concha originario de Northumberland, en el norte de Inglaterra.

**3** Esquina estilo jacobeo, parecido a los bordados crewel (bordado decorativo hecho con hilo de lana y con una variedad de puntadas siguiendo un diseño aplicado en la tela).

# BORDES CON RIBETES

Los ribetes recubiertos entre la parte superior de la tela y el forro dan un aspecto pulcro y firme a una colcha finamente hecha. El ribete en sí debe hacerse con tela pre-encogida. Los hay en diferentes tamaños; usa el tamaño adecuado para tu tela. El ribete debe ser suficientemente flexible para que se doble en las esquinas; se recubre con tiras de bies.

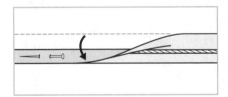

**1** Sujeta el ribete con alfileres e hilvánalo dejando un margen de costura de 15 mm.

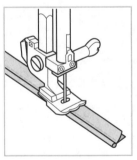

**2** Cose a máquina tan cerca del ribete como puedas. Usando un pie prensatela para ribetes o para zíper se logran los mejores resultados.

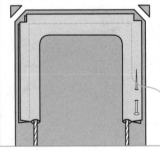

**3** Alinea los bordes, hilvánalos, y cose a máquina el ribete alrededor del derecho de la tela de la parte superior de la colcha; los extremos se traslapan (se sobreponen) 15 mm. Recorta el exceso de tela para lograr un aspecto pulcro en las esquinas. Dobla los bordes hacia dentro para que el ribete destaque. Dobla hacia dentro el borde del forro justo debajo de la curva. Desliza el borde del forro que está cosido y doblado, hacia la tela del ribete.

# SASHIKO

El bordado japonés conocido como Sashiko se presta para usarse en las colchas porque se hace con puntadas largas. Hace aproximadamente trescientos años, los japoneses usaban chaquetas teñidas de color índigo hechas con dos capas de tela. Las mujeres unían estas capas de tela cosiéndolas para lograr su durabilidad. Así fue como se evolucionaron los patrones que se conocen de Sashiko.

Estos son cinco diseños tradicionales de Sashiko; por lo general, primero se cosen líneas horizontales y verticales y luego se hacen las diagonales; las otras formas se hacen al final. Las agujas para Sashiko son de 5 cm de largo y de un ancho uniforme. Se hacen cinco o seis puntadas en 2.5 cm. Se usa hilo blanco grueso, como el hilo de bordar, sobre tela azul marino de algodón, si se desea que el trabajo tenga una apariencia tradicional auténtica.

Esta bolsa acolchada tiene un patrón Sashiko que incluye cuentas de vidrio decorativas.

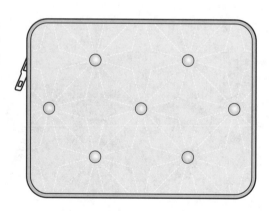

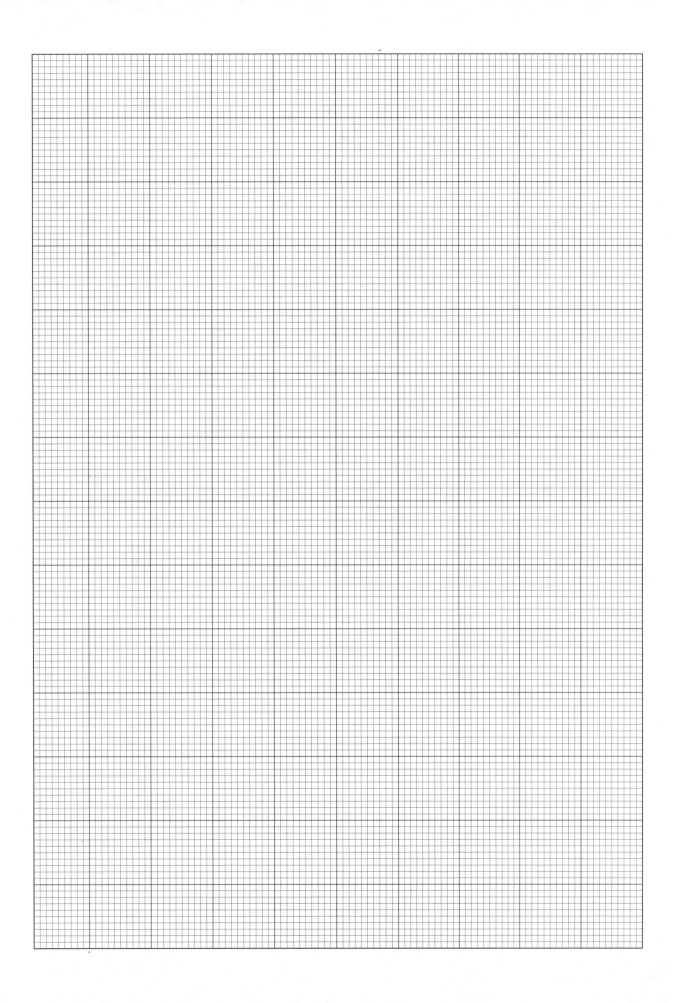

# CONSEJOS PARA EXHIBIR UNA COLCHA Y PARA SU CUIDADO POSTERIOR

## Para exhibirla

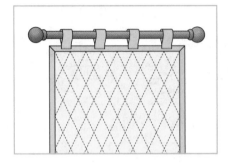

Para mostrar tu trabajo como tapiz, o en una exhibición, debes tener una forma de colgarla. Forma una serie de anillas con una tela que coordine con el borde de la colcha. Sobrecose con firmeza la base de cada anilla con la parte de atrás de la colcha o únelas con tiras de velcro para que sea fácil volver a usarla como colcha en una cama. Cose la mitad suave con fibras enmarañadas del velcro a la colcha en sí, y cose la mitad con gachos a la anilla.

Cualquier tela que no se enmarque ni se coloque detrás de un cristal, acumulará polvo, lo que a su vez puede atraer humedad y plagas de insectos. Limpia con una aspiradora los artículos de tela que cuelgues y bájalos para sacudirlos afuera de la casa de vez en cuando. Las muestras pequeñas de colchas cosidas pueden enmarcarse para mantenerlas limpias. Un medallón con diseño tipo Galés o Amish, realizado en tela lisa luce más cuando está en un lugar con mucha luz.

## Cuidado posterior

Busca la etiqueta con indicaciones sobre el cuidado de la tela al comprarla; la etiqueta del fabricante sobre el cuidado que se le debe dar aparece en el rollo de la tela; también puedes pedir una tarjeta sobre el cuidado que se le debe dar al salir de la tienda. Otros puntos de referencia son los manuales de tu lavadora y secadora. Dan detalles sobre los programas de lavado y secado.

La guata sintética puede lavarse en la lavadora y secarse en la secadora; asegúrate de que el frente de la colcha y la guata requieran el mismo tipo de cuidados. Además, la guata de algodón debe estar preencogida, a menos que desees darle un aspecto de antigüedad; algunas personas que hacen colchas usan la tela tal como sale del rollo deliberadamente porque cuando lavan la colcha terminada se secará con una apariencia arrugada, típica de las colchas antiguas.

Si usaste lanas ligeras o seda al trabajar con los retazos de la colcha, y quieres lavarla a mano o en la lavadora, elige escamas de jabón o jabón líquido para telas delicadas. Los agentes limpiadores del jabón líquido están diseñados para trabajar a bajas temperaturas y no dejan residuos en polvo. Pon a prueba los colores fuertes (especialmente los tonos de rojo) para ver si no se decoloran, y si tienes alguna duda, manda la colcha a la tintorería. Cualquier tipo de tela de lana o combinaciones que tengan lana, deben enjuagarse en agua tibia. Configura tu lavadora para lana lavable, no uses el programa de baja temperatura, ni el programa de lavado a mano que enjuagan con agua fría.

Las secadoras contribuyen mucho a que la ropa encoja, y hay telas que es mejor dejar secar sin ningún uso de calor.

Saca la colcha de la lavadora y usa una toalla limpia para eliminar el exceso de agua. Coloca la colcha sobre una superficie plana o cuélgala en un tendedero. Si es necesario, plancha las telas con el calor que se recomienda. Ten especial cuidado con los adornos; los encajes de nylon, los hilos metálicos y las lentejuelas de plástico se arrugan al contacto con una plancha cliente.

Cuando guardes ropa de cama, fíjate que esté limpia, seca y sin almidonar (hay insectos, como el pececillo de plata, que se alimentan de almidón). El polvo, la mugre y el sudor pueden dañar y decolorar todo tipo de fibras, sean sintéticas o naturales, y la polilla y los hongos aparecen en la ropa sucia. Las colchas deben doblarse con cuidado y protegerse en baúles, en armarios o dentro de cubiertas cerradas con zíper si se van a quedar guardadas durante mucho tiempo. Sácalas y sacúdelas de vez en cuando y vuelve a doblarlas en forma diferente; esto evita que se marquen los dobleces en forma permanente. Para evitar el riesgo de mohos, nunca guardes las telas en lugares mal ventilados o húmedos como los desvanes, sótanos o en alacenas que rara vez se abren. Los calentadores y deshumidificadores pueden ayudar a combatir la humedad y la condensación de vapores.

Aunque es posible que veas polillas de ropa volando por tu casa, lo que perfora tus telas son sus larvas. Existen excelentes alternativas para no tener que usar bolas de alcanfor o naftalina, como los bloques de madera de cedro y las bolsitas de lavanda, pero deben reemplazarse de vez en cuando. Las polillas no sólo ponen sus huevos en las fibras de lana, también pueden dañar la seda, las pieles o las plumas. Revisar regularmente los lugares donde guardas tu ropa de cama evitará la presencia de polillas.

# TÉRMINOS Y ABREVIATURAS RELACIONADOS CON LAS COLCHAS DE RETAZOS

**Aplicación:** Técnica de coser una tela sobre otra.

**Aro o bastidor:** Marco portátil para sostener una porción de la colcha para coserla.

**Bastilla:** Doblez que se hace en los bordes de una tela y que se cose superficialmente para evitar que el tejido se deshilache.

**Bies:** Trozo de tela cortado en sesgo.

**Bloques:** Unidades que se cosen por separado y luego se unen para formar un patrón general.

**Borde:** La orilla de la tela o el marco que se añade a la parte frontal de una colcha.

**Colcha:** Cubrecamas con dos capas de tela con un centro acolchado que se cose o se ata entre las dos telas.

**Descosedor:** Instrumento para retirar puntadas hechas a máquina.

**Cúter redondo (cortador rotativo):** Navaja que corta tiras y varias capas de tela a la vez.

**Fibra:** La dirección en que corren la trama y la urdimbre.

**Fieltro:** Especie de paño no tejido que resulta de prensar borra, lana o pelo.

**Forro:** La parte de atrás de la colcha.

**Guata:** Lámina gruesa de algodón u otro material que se emplea para rellenar o acolchar tejidos.

**Hilvanes:** Puntadas temporales que se hacen con puntadas rectas de aproximadamente 1.5 cm de largo.

**Margen de costura:** Distancia entre el borde cortado y la línea de la costura.

**Muesca:** Corte triangular en el margen de la costura que se hace para alinear las piezas al coserlas.

**Muselina:** Tela de algodón, seda, lana, etc., fina y poco tupida.

**Orillo:** Borde sólido de una tela.

**Papel isométrico:** Papel impreso en una rejilla de triángulos equiláteros.

**Pie prensatela:** Pieza de la máquina de coser que mantiene la tela plana mientras la aguja hace las puntadas.

**Plantilla:** Patrón que sirve como modelo para hacer otras piezas y labrarlas o recortarlas.

**Puntada invisible:** Puntada que se usa para unir un borde doblado a una superficie plana.

**Retazo:** Trozo de tela con forma.

**Sashiko:** Tipo de bordado tradicional japonés.

**Seminole:** Técnica en la que se usan piezas en forma de tira como bordes.

**Tela fusible:** Material sintético que puede aplicarse con la plancha.

**Trabajo con retazos:** Unir con costuras formas hechas de tela de acuerdo con un diseño prestablecido.

**Trama:** Hilo horizontal, corre en ángulo recto al orillo.

**Urdimbre:** Hilo vertical, corre paralela al orillo.

**Vello:** Textura o diseño en el terciopelo que tiene una sola dirección y afecta la forma en que se cortan los diseños.

# Punto de cruz

El punto de cruz es una de las formas más antiguas de bordado a mano, es popular en todo el mundo y no es sorprendente que lo siga siendo. No sólo es fácil de aprender (normalmente, el punto de cruz es la primera puntada de bordado que se les enseña a las niñas), sino que puede adaptarse a diseños, imágenes y letras, siguiendo ilustraciones donde cada cuadrito representa una puntada. El placer que se siente por lo que se logra con el punto de cruz puede llegar a ser muy adictivo, pues los diseños suelen aumentar de tamaño y se les agregan diferentes colores.

Aquí presentamos lo esencial sobre el punto de cruz con numerosas ilustraciones que te guiarán, y con una diversidad básica de puntadas de bordado estilo libre que se han agregado en una sección complementaria al método de punto de cruz. Esto es un repaso para las personas que aprendieron a bordar punto de cruz hace muchos años y quisieran retomar esta actividad. Hay secciones sobre equipo y sobre diversos hilos y telas, al igual que consejos sobre la forma de interpretar los modelos y crear modelos propios, lo que incluye numerosos diseños y alfabetos que puedes usar.

El arte del punto de cruz se remonta al menos hasta el siglo VI o VII, cuando se usaba para decorar sábanas con patrones geométricos o florales, que se trabajaban en forma sencilla con hilo negro o rojo. Los trajes regionales, en especial los del norte y el este de Europa, a menudo se decoran con diseños tradicionales similares; los bordados estilo Asís (que tuvieron su origen en la Italia Medieval y que se caracterizan por tener un fondo a color y un diseño sencillo) y los bordados Tudor en hilo negro sobre fondo blanco eran métodos intrincados y hermosos que se basan en las mismas técnicas. Más tarde surgieron los muestrarios multicolores que se hacían con diversos propósitos: Para tener un registro de los patrones y motivos cuando no se contaba con libros de ese tipo, para enseñar a las niñas a bordar y finalmente para demostrar la destreza de una joven con la aguja.

Actualmente, podemos incorporar los diseños de punto de cruz en muchos artículos, desde tarjetas de felicitación hasta botones, marcadores de libros, cubiertas de ollas y pisapapeles; también se llevan a cabo proyectos más grandes de bordado hechos con destreza y paciencia, con la esperanza de enmarcarlos y conservarlos como un legado familiar.

# PRIMERA PARTE

# EQUIPO Y MATERIALES

## AGUJAS Y TELAS

Las agujas se fabrican con diversos grosores para diferentes usos. La siguiente tabla es una guía general sobre el tamaño de la aguja que es adecuada para bordar punto de cruz en tela Aida o evenweave. Entre más alto sea el número, más fina es la aguja. Las dimensiones pueden variar ligeramente según el fabricante.

| TAMAÑO DE LA AGUJA | TELA | LARGO DE LA AGUJA | LARGO DEL OJO |
|---|---|---|---|
| 18 | Aida – 6 orificios por pulgada<br>Evenweave* – 10 hilos por pulgada | 48 mm | 10.0 mm |
| 20 | Aida – 8 orificios por pulgada | 44 mm | 9.0 mm |
| 22 | Aida – 11 orificios por pulgada<br>Evenweave – 22-25-27 hilos por pulgada | 40 mm | 8.0 mm |
| 24 | Aida – 14 orificios por pulgada<br>Evenweave – 28 hilos por pulgada | 36 mm | 7.5 mm |
| 26 | Aida – 16 orificios por pulgada<br>Evenweave – 32 hilos por pulgada | 33 mm | 6.5 mm |
| 28 | Aida – 18 orificios por pulgada<br>Evenweave – 36-55 hilos por pulgada | 28 mm | 5.5 mm |

\* (**Evenweave** es cualquier tela en que los hilos de la trama y la urdimbre son del mismo tamaño Las telas de tejido plano están formadas por dos series de hilos. Unos que van de arriba hacia bajo y que forman la **urdimbre**, y otros que van de orillo a orillo y que forman el ancho de la tela conocida con el nombre de **trama**.)

# EQUIPO

En el punto de cruz se utiliza relativamente poco equipo, y tienes la libertad de hacer una colección de los hilos hermosos que están disponibles.

**A  Agujas**

**B  Tela**

**C  Hilo** (incluyendo hilo para hilvanar)

**D  Tijeras de modista**

**E  Tijeras para bordar**

**F  Dedal**

**G  Barra puntiaguda de metal o de madera para emparejar y enderezar los hilos al bordar** (puede usarse una aguja de tejer grande no muy puntiaguda)

**H  Cinta adhesiva y cinta adhesiva de doble cara**

**I  Lápiz marcador para bordado**

**J  Lápiz de tiza (gis) para bordado**

**K  Papel carbón para calcar diseños**

**L  Papel cuadrícula para gráficas**

**M  Lámpara con foco de luz de día**

**N  Lupa**

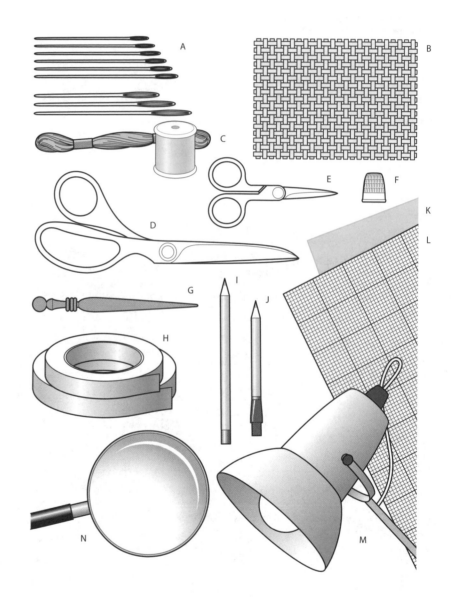

# CÓMO TRABAJAR CON AROS Y BASTIDORES

Los aros y bastidores no son equipo esencial, pero mantienen la tela tensa y lisa, y hacen que sea más fácil ver cómo va el trabajo.

Los aros para bordar constan de un anillo interno y un anillo externo hechos de madera o de plástico. La tela se coloca primero sobre el anillo interno y el anillo externo se sujeta alrededor del anillo interno y la tela es apretada por un tornillo de metal.

Un aro o bastidor también puede colocarse sobre un soporte, dejando así las dos manos libres para coser. Muchas personas han descubierto que pasar la aguja de arriba abajo a través de la tela colocando una mano arriba y otra abajo, es más cómodo que sostener la costura en una mano, y que ayuda a reducir dolores o calambres en las muñecas y en los dedos.

En general, a menos que tu proyecto sea a muy pequeña escala, es mejor usar un bastidor que un aro. En lugar de tener que cambiar el aro de lugar a medida que avanzas, todo el bordado puede extenderse entre las dos barras.

Las marcas del aro en un proyecto terminado pueden evitarse envolviendo antes ambos aros, el interno y el externo, con un bies o colocando pañuelos de papel entre el aro externo y el bordado (no debe haber papel en el área del bordado). Retira el aro cuando no estés trabajando.

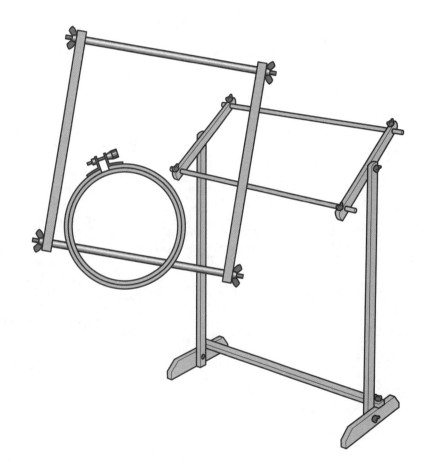

# AGUJAS

El punto de cruz se hace con agujas de punta roma como las que se usan en tapicería, pues están diseñadas para deslizarse a través de los orificios de la tela sin romper los hilos. Tienen ojos largos de forma oval (ver la tabla de la página 103) por los que pueden pasar varios hilos de algodón para bordar, al igual que hilos de algodón artesanales como el hilo de algodón perla y los hilos de lana para tapicería. Éstas son otras agujas que te sería útil tener en tu costurero:

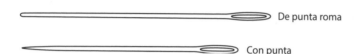 De punta roma

Con punta

**Agujas medianas y puntiagudas;** tienen ojo redondo, se utilizan para la costura en general con hilo ordinario de algodón o de poliéster.

**Agujas para bordar;** son puntiagudas pero tienen ojos largos y ovales, como las agujas de tapicería.

**Agujas para chenille;** son puntiagudas con ojo oval largo y son más grandes que las agujas para bordar; sólo se usan en telas gruesas.

**Agujas para sombreros;** tienen ojo redondo, son rectas y puntiagudas.

**Agujas pasa cintas o de jareta;** son grandes, de punta roma y a veces planas, con un ojo suficientemente amplio para que pase un cordón, un resorte o una cinta (listón) para ser colocado en una pretina o algo similar.

Los ojos de las agujas son redondos u ovales; los redondos son los más pequeños y los largos y ovales son los más grandes. Aunque una aguja pequeña ayuda en el trabajo fino, si el ojo es demasiado estrecho y ajustado alrededor del hilo o estambre, será difícil pasarla a través de la tela y el hilo podría deshilacharse en el proceso.

La mayoría de las agujas están niqueladas; sin embargo, su calidad varía. A veces se decoloran y pueden dejar manchas en tu trabajo si las dejas clavadas en la tela, así que quítalas cuando termines de coser. Las agujas chapadas en oro o en platino no se decoloran ni se oxidan, pero son más caras.

Algunas personas tienen un cojincito lleno de arena, la cual actúa como abrasivo y limpia las agujas cuando se clavan en el cojincito.

# HILOS

La mayoría de los hilos que se utilizan para bordar pueden usarse para el punto de cruz. Se consiguen en muchas formas, en ovillos, en carretes o en madejas.

**Hilo de algodón para bordar:** Es el que se usa con mayor frecuencia. Consta de seis hilos divisibles en una madeja pequeña.

**Hilo de algodón perla**: Es brillante y torcido. A diferencia del hilo de algodón, no puede separarse en hilos. Sin embargo, puede conseguirse en diversos grosores.

**Hilo de algodón suave:** No mercerizado de 5 hebras que no pueden separarse. Durante su fabricación, se le trata para darle un acabado suave que facilite su uso. Por eso es el hilo preferido para enseñar a las niñas a bordar punto de cruz. Tiene un acabado mate y colores tenues que también son adecuados para proyectos tipo antiguo como los muestrarios.

**Rayón para bordar**: Altamente sedoso.

**Rayón retorcido a la izquierda:** Es sedoso y se tuerce en dirección al movimiento de las manecillas del reloj.

**Hilos metálicos:** Hay una amplia gama de donde escoger. Son ligeramente abrasivos y tienden a deshilacharse en los extremos. Requieren de una aguja de ojo grande para perforar un orificio más grande en la tela y reducir la tensión tanto en el hilo como en la tela. Por esta razón es mejor trabajar con trozos cortos de hilo.

**Hilos multicolores**: Se tiñen de colores o en diferentes tonos del mismo color, a intervalos regulares, durante su fabricación.

**Hilos teñidos a mano**: Se tiñen a mano usando uno o más colores, es posible que al exponerse a la luz o lavarse pierdan la intensidad de sus colores.

Elige tus hilos en un lugar iluminado con luz natural, pues la luz artificial intensifica ciertos colores y apaga otros. Las fibras que elijas también son muy importantes para la textura o el acabado de tus bordados y siempre debes recordar el uso final de lo que estés bordando.

Puedes conseguir tablas de tonos de colores, incluyendo muestras de los diferentes hilos, con las empresas que fabrican hilos, en las mercerías e incluso por Internet.

Al usar el hilo, siempre enhebra la aguja directamente del carrete antes de cortar la cantidad que vayas a necesitar. Esto garantiza que el torcido del hilo conserva siempre la misma dirección, lo que da una apariencia más pareja a las puntadas.

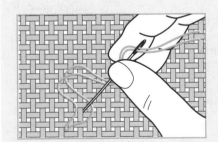

Existe una técnica para separar y emparejar las hebras de hilo conforme uno va bordando. Al impulsar la aguja al interior de la tela para hacer la puntada, métela entre dos hilos de la tela.

# TELAS Y CUENTA DE HILOS

La textura y el color de fondo que proporciona la tela son importantes. Las telas que más se usan para punto de cruz son Aida, cuadrillé o "evenweave", que pueden conseguirse en tonos neutrales o de color.

## Aida (cuadrillé)

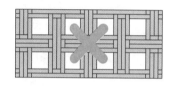

Esta tela tipo bloque es la preferida de las principiantes debido a su estructura regular y a los orificios visibles para guiar la costura. Además tiene un acabado más firme que facilita el sostenerla con las manos. Vale la pena señalar que las áreas donde no se trabaja tienen una textura diferente si se le compara con las telas evenweave.

Si el patrón incluye puntadas fraccionarias (pág. 120) tendrás que hacer un orificio adicional entre los ya existentes, haciendo una puntada en la sección sólida del bloque de la tela.

**5, 6 u 8 orificios por pulgada** – Tela Aida preferida para niñas, en ocasiones se le conoce como lona Binca.

**11 orificios por pulgada** – Para muchas personas es más fácil trabajar con este tipo de tela que con la de 14 orificios por pulgada, que es más usual, ya que no necesitan forzar mucho la vista.

**14 orificios por pulgada** – Es fácil trabajar con esta tela y es la que se usa en diseños comerciales más que ninguna otra.

**16 orificios por pulgada** – Permite un trabajo más detallado que la tela de 14 orificios por pulgada.

**18 orificios por pulgada** – Especial para trabajo detallado. Conviene bordar un muestrario antes de iniciar un proyecto de gran magnitud, pues podrías descubrir que no es cómodo trabajar con este tipo de tela ya que exige demasiado.

**22 orificios por pulgada** – Tela para trabajo muy fino. Es tradicional usarla para bordado Hardanger y también es ideal para proyectos pequeños como tapas de frascos, pisapapeles y portavasos.

## Evenweave (lugana)

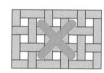

Cualquier tela de fibras naturales o hechas por el hombre que tiene el mismo número de hilos por pulgada (2.5 cm) contadas en sentido vertical y horizontal; esto hace que las puntadas de punto de cruz se mantengan cuadradas y parejas. A menudo son telas de lino, como el Belfast (32 hilos por pulgada) y el Cashel (28 hilos por pulgada), o telas menos caras de algodón, como la tela conocida como Linda (27 hilos por pulgada) y la Hardanger (22 hilos por pulgada).

Los hilos de las telas evenweave son usualmente de grosor uniforme, aunque los linos puros tienen un grosor más irregular. El punto de cruz se hace tomando dos hilos, así que estarás bordando en orificios alternos.

*Cuanto mayor sea el número de hilos* por pulgada, *más fina es la tela* y *más pequeñas serán tus puntadas.* En una tela de 22 hilos por pulgada se hacen 11 puntos de cruz por pulgada, y en una tela de 32, se hacen 16.

Las telas evenweave y Aida son intercambiables si usamos un poco de aritmética. Por lo tanto, si un patrón requiere una tela evenweave y de 28 hilos por pulgada tomando dos hilos de tela en cada puntada, puedes usar una tela Aida de 14 hilos y hacer el punto de cruz en cada orificio. De la misma manera, podrías remplazar una tela evenweave de 32 hilos por pulgada con una tela Aida de 16 puntos, y una evenweave de 22 con una Aida de 11.

Ambas telas se producen en una variedad de anchos y también como bandas con bordes ya cosidos, que son adecuadas para marcadores de libros, corbatas, etc. Las bandas tienen de 3 a 8 cm de ancho.

## Lona para bordar

Puedes bordar punto de cruz con hilo de lana para tapicería o con hilo (sedoso) de algodón, usando tela tipo lona de lino o de algodón. Existen cuatro tamaños de malla, de 10, 12, 14 y 18 por pulgada, que son compatibles con cualquier tabla de puntadas (contando los orificios en la tela, no los hilos). Tienen un acabado almidonado que forma una base firme con la cual trabajar, y se consigue malla de un solo hilo (mono) y de doble hilo (duo).

Esta última malla también se conoce como Penélope; puede usarse para duplicar el conteo, y al igual que la tela evenweave, simplifica el uso de puntadas fraccionadas. Separa los hilos primero con una aguja gruesa de tapicería, luego trata cada hilo en forma individual.

## Lona plástica

La malla plástica puede conseguirse en piezas circulares o en piezas con lados rectos. Normalmente se borda con hilo (estambre) de lana para tejer de cuatro o dos hebras, en tela de 5, 7, 10 o 14 orificios por pulgada. Como es rígida, puede cortarse de antemano para hacer artículos como cajas, manteles individuales, adornos navideños, marcos para fotos y llaveros.

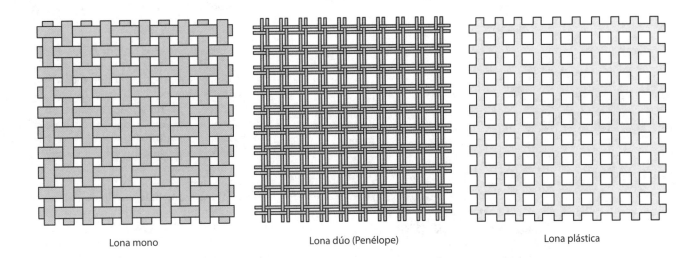

Lona mono      Lona dúo (Penélope)      Lona plástica

# CÓMO CALCULAR CANTIDADES

Cuando calcules la cantidad de tela que necesitarás para un proyecto, añade un margen de 10 a 12 cm alrededor de los bordes del diseño. Añade menos si el diseño en sí no sobrepasa el tamaño de 10 a 12 cm$^2$.

Una madeja de hilo de algodón para bordar tiene aproximadamente 7.5 m de largo. En promedio, la gente trabaja con trozos de hilo de algodón de 45 cm. Tendrás aproximadamente 16 trozos de hilo para trabajar por cada madeja de hilo de seis hebras, y tendrás el doble si divides el hilo para que sea de tres hebras. Conviene tomar en cuenta que uno de esos trozos se usará para rematar la costura o se perderá en pequeños trocitos sobrantes.

# TABLAS DE PUNTO DE CRUZ Y CÓMO LEERLAS

Los libros de patrones se popularizaron mucho en Europa y América durante el siglo XVII. Al principio, los patones sólo tenían cuadros o puntos negros, sin guía para colores. Actualmente hay una variedad de tablas a cuadros, algunas usan sólo símbolos para los colores y otras están impresas a todo color.

Éste es un diseño muy sencillo en forma de corazón. Cada cuadro representa dos hilos de tela evenweave o un bloque de tela Aida, y cada puntada ocupa un cuadro.

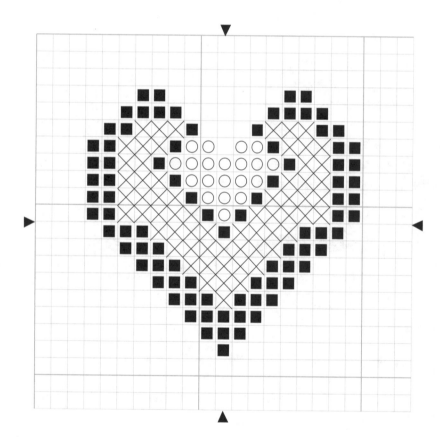

**Tamaño del diseño** – 17 puntadas de ancho por 16 de altura

**Nivel de bordado** – Principiante

Marca siempre el centro de cada borde del patrón con una flechita. Incluso haciéndolo, podría ser difícil encontrar el lugar donde vas en un patrón grande. Trata de dividirlo en cuadros de secciones fáciles de manejar; puedes marcarlas con un bolígrafo de color.

En una esquina del cuadrado encontrarás símbolos que indican si se trata de puntadas de un cuarto o de tres cuartos (ver la pág. 120) y este tipo de puntadas también pueden combinarse dentro del mismo cuadro. En ese caso, el patrón mostrará el cuadrado dividido por una diagonal. La puntada de en medio por lo general se usa para sombrear o para dar luz al color.

■ rojo ╳ azul ◯ amarillo

# CÓMO TRAZAR TUS PROPIOS DISEÑOS

El ser capaz de trazar tus propios diseños amplía considerablemente tus horizontes en el uso del punto de cruz. Los temas que puedes elegir son ilimitados y con la práctica desarrollarás la habilidad de visualizar un bordado terminado. El papel cuadrícula para gráficas es esencial. Si no lo tienes, puedes sacar copias fotostáticas de las tablas básicas como las que se presentan en la página siguiente, o puedes bajar hojas de cuadrícula para gráficas con cuadros de diferentes tamaños de algún sitio de Internet.

Lo que determina el tamaño del diseño es el número de puntadas de arriba abajo y de lado a lado; no olvides incluir en tus cálculos las áreas de fondo que llevan puntadas. Para un diseño de 30 cm, harás hasta 168 puntadas (12 x 14) en una tela Aida de 14. Serán menos puntadas en una tela de 11: 132 (12 x 11), y serán muchas más puntadas en una tela de 18.

Recuerda que *las telas evenweave se trabajan en función de dos hilos, así que deberás dividir el número de hilos por pulgada entre dos* antes de empezar a calcular el número de puntadas que se requieren.

Puedes usar colores en tu patrón, pero si es un patrón en blanco y negro, debes diseñar un sistema de símbolos que sean la clave de los colores.

## Patrones digitales

Si quieres crear un patrón con tu computadora y tienes el *software* adecuado para hacerlo, el programa gráfico de Adobe Photoshop puede usarse para convertir una fotografía en un patrón de punto de cruz con las cifras necesarias. También hay patrones en los sitios web de los fabricantes más importantes de hilos de colores y puedes elegir entre ellos.

**Las iniciales en punto de cruz tienen medidas de ancho y de largo variables, dependiendo de las letras del alfabeto. Las que más cuidado requieren son la G, M, Q, R y W mayúsculas, especialmente si estás trabajando con márgenes reducidos como en un llavero o en un marcador de libros.**

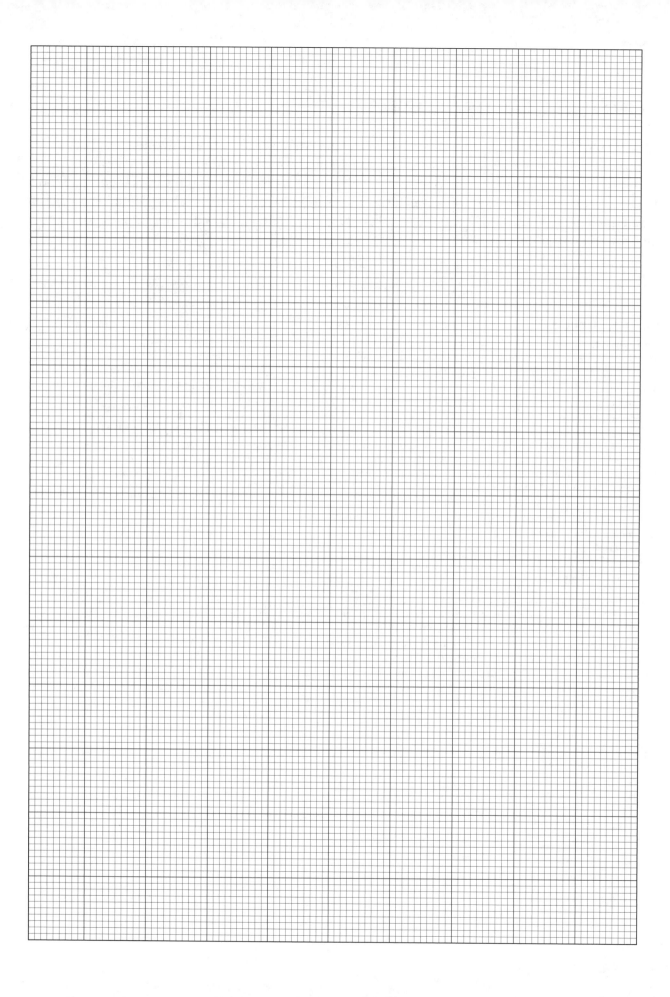

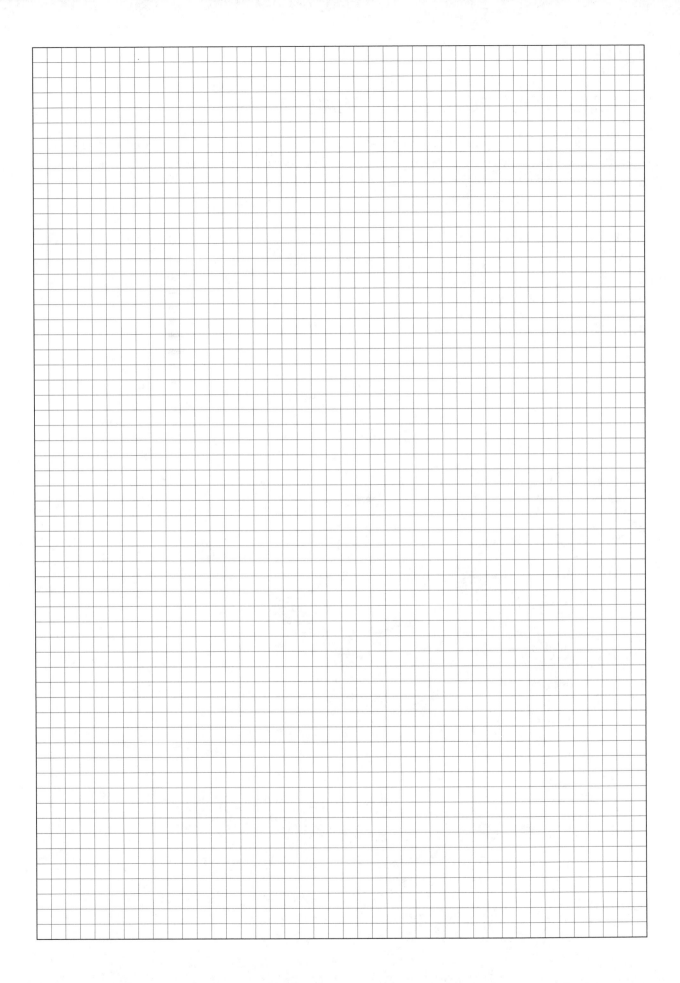

# ARTÍCULOS QUE PUEDES DECORAR

Hay una gran cantidad de productos que puedes comprar en las mercerías para decorarlos con punto de cruz, y también hay piezas de plástico que puedes cortar para construir diseños a tu gusto (o cajas de diversas formas como las que aparecen a continuación, ver pág. 136).

Conviene empezar a bordar en objetos pequeños, como los llaveros y los estuches para tijeras, y terminar un proyecto con ellos (ver la pág. 137). Si los bordas para regalarlos, puedes darles un toque personal con iniciales o con una frase que te guste; también puedes usar un patrón especial de colores. Además, hay paquetes para hacer broches, carteras, imanes para el refrigerador, espejos de bolsillo, pisapapeles, dijes y alfileteros.

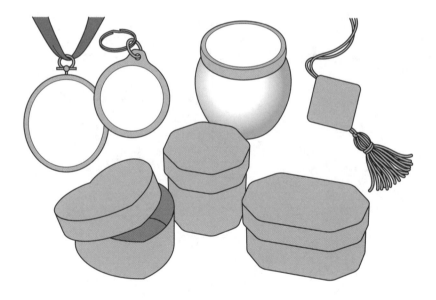

# SEGUNDA PARTE

# MÉTODOS Y TÉCNICAS PARA EL PUNTO DE CRUZ

## TARJETA GUÍA

Al principio de un proyecto, perfora una hilera de orificios en una tarjeta y amarra un trozo de hilo de cada madeja en cada orificio. Escribe el nombre del proyecto en el centro de la tarjeta y luego escribe en cada orificio el nombre del fabricante del hilo, su número y el símbolo del proyecto. Esto te dará un rápido punto de referencia mientras trabajas y es un registro práctico una vez que terminas.

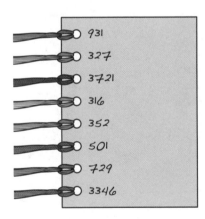

# CÓMO PREPARAR LA TELA

Guarda las telas en una bolsa cerrada y lávate las manos antes de tocarlas de nuevo. Cuando cortes una tela, quítale los orillos en el proceso, revisa que no tenga defectos, y luego plánchala poniendo sobre ella una tela limpia y seca (podría ser el trozo de una sábana vieja). Las arrugas difíciles puedes plancharlas al vapor.

## Prepara los bordes

El lino se deshilacha con mucha facilidad, al igual que las telas evenweave; la tela Aida se deshilacha menos. Pero independientemente de la tela que uses, debes preparar los bordes para mantenerlos firmes e impedir que los hilos con los que bordas se enreden mientras estás trabajando. Éstas son algunas opciones:

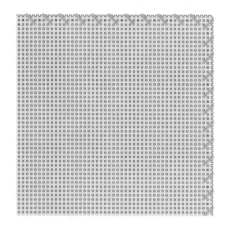

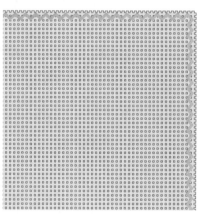

**1** Haz pespuntes alrededor de los bordes con hilo de algodón, también puedes hacerle una pequeña bastilla si lo prefieres.

**2** Haz, con la máquina de coser, puntadas en zigzag alrededor de los bordes.

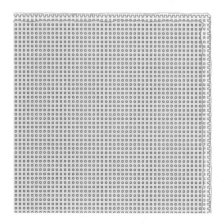

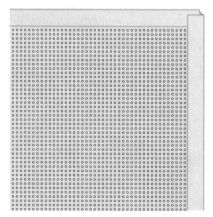

**3** Aplica generosamente un líquido para evitar que la tela se deshilache y déjalo secar antes de empezar a trabajar.

**4** Enmarca la tela con cinta adhesiva.

En las opciones 3 y el 4, debes estar consciente de que después tendrás que cortar un centímetro de los bordes alrededor de la tela. Las sustancias químicas y los adhesivos pueden dañar la tela a largo plazo.

## Guías hechas con hilvanes

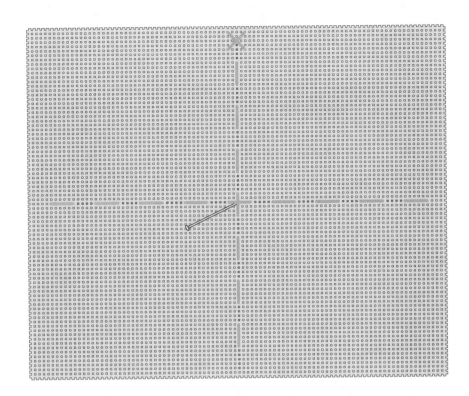

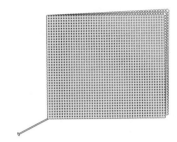

**1** Dobla la tela a la mitad dos veces para encontrar el centro, márcalo suavemente con las manos y señálalo con un alfiler.

**2** Abre la tela y haz hilvanes en los dobleces, usando un hilo de un color que marque un contraste; estos hilvanes corresponden a las guías de colores que hay en tu patrón (pág. 110). Si es posible, usa hilo suave de algodón para hilvanar, porque será más fácil quitarlo después.

Elige un área fuera del espacio donde estarás bordando y cose una X grande para indicar cuál es el derecho de la tela y para marcar la parte superior del bordado.

## Rejillas

Además de marcar las dos líneas centrales con hilvanes, podrías formar una rejilla de hilvanes basándote en cuadros de 10 x 10. Vale la pena considerar esto si vas a iniciar un proyecto grande, pues ahorrarás tiempo y podrás orientarte con más facilidad, aunque trabajes con un color a la vez a lo largo del diseño. También se reduce la posibilidad de cometer errores al contar hilos porque nunca tendrás que contar más de diez, hacia abajo o hacia los lados.

Ya tienes una rejilla de 10 x 10 marcada en tu tabla como referencia (pág. 110).

# CÓMO PREPARAR LOS HILOS

## Cuántas hebras usar

Como regla, el número de hebras de hilo de algodón con las que coses debe ir de acuerdo con el grosor del hilo que sacas de un borde de la tela. Las personas por lo general usan tres o cuatro hebras en una tela de 11 hilos por pulgada, dos o tres hebras para una tela de 14, y dos hebras para una tela de 18.

## Esquema de una sola hebra

Muchos diseños de punto de cruz que muestran imágenes llevan un borde de punto atrás. A menudo se hace con hilo negro (pero esto no debe confundirse con la técnica de blackwork que se explica en la pág. 121), se usan una o dos hebras de hilo de algodón.

## Cómo separar y combinar el hilo de algodón

Si se usan varias hebras de hilo de algodón directamente de la madeja, pueden producirse puntadas abultadas, así que vale la pena tomarse la molestia de separar las hebras, emparejarlas y volver a juntarlas *en la misma dirección*. Esto reduce los torcimientos y evita que el hilo se enrede; además las puntadas quedarán mejor.

Toma una hebra con firmeza por la parte superior y baja la otra mano separando las demás hebras hasta que la hebra que tomaste esté libre. Las otras formarán una bolita, pero no se harán nudos. Al final, todas las hebras quedarán derechas y puedes volver a juntarlas como lo desees.

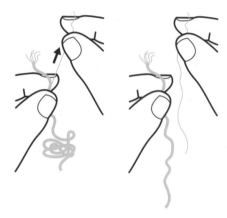

## Enhebrar con hilos de diferentes colores

Para enhebrar una aguja con hilos de diferentes colores se separan las hebras (ver arriba); es una buena forma de introducir efectos en la textura del bordado y de crear colores adicionales sin comprar más hilos; por ejemplo, al combinar una hebra azul y una color rosa se produce un tono malva. También hay hilos metálicos muy finos conocidos como "filamentos de mezcla" que están diseñados para combinarse con hilos de algodón ordinarios.

El filamento de mezcla y el hilo de algodón no se resbalan cuando el filamento se enhebra como se muestra en las ilustraciones. Después el hilo de algodón se enhebra como de costumbre.

## Organizador de hilos

Además de hacer una tarjeta guía (pág. 115), las costureras bien organizadas podrían hacer una tarjeta similar para usarla durante todo el proyecto. Corta un trozo de buen tamaño de un hilo de cada color (de aproximadamente 45 cm) y enlázalo en la tarjeta perforada, donde está listo para ser enhebrado en la aguja.

Los hilos metálicos tienden a torcerse o romperse, así que conviene cortar trozos más pequeños (de aproximadamente 30 cm). También tienden a deshilacharse en los extremos, lo que puede evitarse con un líquido especial que impide que se deshilachen. Los extremos pueden prepararse de antemano en el organizador de hilos y al final pueden recortarse.

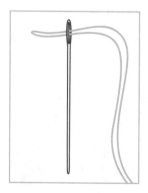

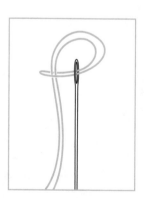

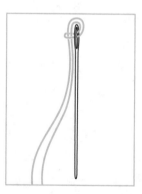

**1** Haz un lazo con el filamento y enhébralo en la aguja.

**2** Pasa los extremos libres por el lazo.

**3** Jala los extremos del filamento muy suavemente para fijarlo en el ojo de la aguja.

# CÓMO EMPEZAR Y REMATAR

A menos que el diseño requiera otra cosa, cose desde el centro hacia fuera, contando los cuadros a medida que avanzas. Si no tienes una rejilla de hilvanes (pág. 117), planifica tu progreso para evitar grandes espacios vacíos, pues así es como corres el riesgo de contar mal. Además, llevar los hilos a través de espacios grandes en la parte de atrás puede verse por el derecho de la tela.

## Sin nudos

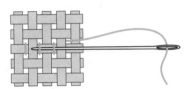

Los nudos que se hacen en la parte de atrás se ven como bultos de mal aspecto por el derecho cuando tu trabajo se plancha al final y se coloca en el lugar donde va a quedar. Hasta podrían pasar a través de la tela si es muy suave. Por lo tanto, al empezar a coser, pasa tu aguja por el revés dejando un extremo libre de 3 cm por detrás. Sostenlo contra la tela al trabajar y pronto quedará atrapado entre las puntadas.

La forma correcta de rematar es pasar el hilo bajo tres o cuatro puntadas por el revés, ya sea en sentido horizontal o vertical. Pasar el extremo alrededor de una de esas puntadas ayuda a asegurarlo.

## Nudos cortados

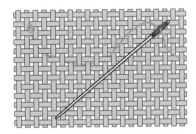

Primero haz un nudo al final del hilo e introduce la aguja desde el *lado derecho* hacia atrás, dejando el nudo en la superficie de la tela. Después, vuelve a pasar la aguja más o menos a 2.5 cm del nudo y comienza a coser hacia él. Haz puntadas parejas y asegúrate de cubrir por completo el hilo por la parte de atrás. Cuando termines con esto, corta el nudo desde el frente.

Un nudo que se va a cortar y que está a cierta distancia del bordado no queda cubierto por las puntadas. Cuando se corta, queda un extremo más largo en la parte de atrás. Se enhebra en la aguja y se entreteje.

## El lazo para comenzar o el nudo "cabeza de alondra"

Dos condiciones favorecen este método: En primer lugar, trabajar con un número par de hilos de algodón; y en segundo, el largo del hilo con que se trabaja debe aumentarse a 90 cm.

Separa una hebra de hilo de algodón si estás cosiendo con dos (separa dos si estás cosiendo con cuatro, y tres si estás trabajando con seis). Dobla las hebras y enhebra los extremos en tu aguja.

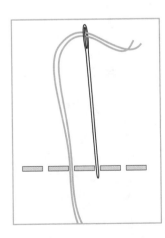

**1** Inserta la aguja a través de la tela desde el revés de la tela hacia el derecho y jala suficiente hilo para dejar un pequeño lazo en la parte de atrás.

**2** Haz la primera mitad de un punto de cruz y con la aguja de nuevo en la parte de atrás, pásala por el lazo que dejaste ahí.

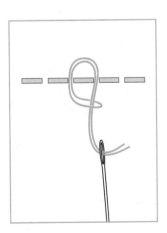

**3** Al jalar el hilo, éste hará que el lazo se acomode bien contra la tela.

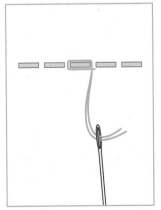

# PUNTADAS BÁSICAS

## Punto de cruz

La regla más importante en relación con el punto de cruz es que las puntadas superiores van en una dirección. No importa hacia qué dirección vayan, mientras sean uniformes. El trabajar con hebras separadas y combinadas (pág. 118), separar y emparejar las hebras (pág. 107) y emparejar las puntadas con un instrumento para acomodarlas, te ayudará.

Existen dos métodos para hacer punto de cruz.

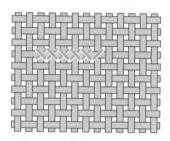
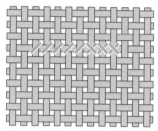

**1** El método tradicional inglés termina cada X antes de pasar a la siguiente.

**2** El método danés hace primero una de las líneas de las X, y las termina regresando por la misma hilera.

Para que al final todos los hilos queden con puntadas verticales por detrás, haz las hileras horizontales usando el método danés y las verticales usando el método inglés.

Hay dos estilos para hacer puntadas. Uno es el de "clavar la aguja como una espada" o "empujar y jalar". No hay alternativa cuando se trabaja con un aro o un bastidor porque la tela está demasiado tensa. Pero si sostienes la tela con las manos, puedes manipularla para usar el método que se describe a continuación.

## Puntadas fraccionarias

Hay puntadas de punto de cruz de un cuarto, de la mitad y de tres cuartos; se usan ante todo para definir los contornos y las curvas. Sin embargo, pueden dar un aspecto más ligero a una zona que en general es sólida, o pueden compartir un cuadro con otro color, en una variación de usar hilos de dos colores diferentes.

**La media puntada** es igual a la primera puntada del método danés que se muestra a la izquierda.

**La puntada de un cuarto** se hace sólo en un hilo si estás trabajando con tela evenweave; en telas Aida debe hacerse como se muestra a la derecha.

Desde la esquina inferior izquierda, cruza en diagonal e introduce la aguja en el centro sólido del cuadro Aida. Saca el hilo a la derecha por la parte de atrás.

**La puntada de tres cuartos**: En tela Aida, el primer paso es igual que el de la puntada de un cuarto que se muestra arriba, y termina como se muestra a la derecha.

Desde la esquina inferior izquierda, cruza en diagonal e introduce la aguja en el orificio superior izquierdo. Saca el hilo por la derecha y por la parte de atrás.

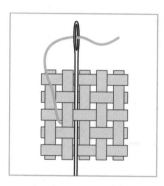
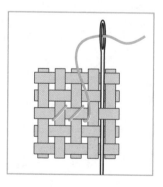
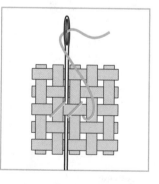
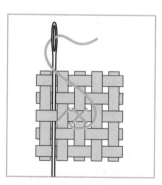

**1** En la primera puntada, en un movimiento, inserta la aguja en la tela por la parte superior y sácala por el orificio de abajo.

**2** Repite el procedimiento en toda la hilera.

**3** Cruza la última puntada en forma diagonal, insertando la aguja hacia dentro por la parte superior y sacándola por el orificio que está directamente abajo.

**4** Repite estos pasos hasta llegar al otro extremo, donde todas las cruces estarán completas.

## Punto atrás

El punto atrás tiene una relación muy cercana con el punto de cruz. Se usa para definir las áreas que se bordan con punto de cruz y debe hacerse al final para mantener una línea ininterrumpida. Algunas personas prefieren usar una aguja más fina en esta etapa; es una línea delgada y el número de hilos rara vez es más que uno o dos. Lo más frecuente es usar un solo hilo, y no siempre tiene que ser negro; de hecho, podrías lograr un efecto mucho más sutil y agradable sólo con un tono más oscuro del que usas para el punto de cruz. Empieza y termina pasando el hilo por debajo de varias puntadas de punto de cruz por la parte de atrás de la tela.

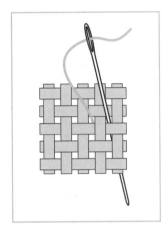 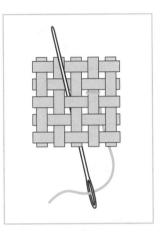 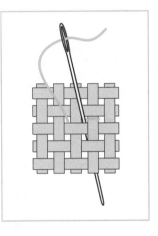 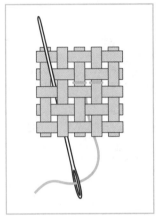

**1** Inserta la aguja en el espacio de una puntada *detrás* del punto por el que salió antes.

**2** Vuelve a sacar la aguja en el espacio de una puntada al *frente* de la puntada anterior.

**3** Vuelve a insertar la aguja en el punto donde terminó la puntada anterior.

**4** Y sácala en el espacio de una puntada delante de la última puntada.

## Puntada Holbein o doble puntada simple (de bastilla)

Ésta es una puntada básica para el bordado tipo blackwork. Es parecida al punto atrás, pero en realidad consta de dos pasadas de puntadas sencillas; la segunda pasada regresa y llena precisamente los espacios que quedaron vacíos al hacer las primeras puntadas. Esto hace que la parte de atrás quede más lisa que la de punto atrás y es ideal para proyectos que deben verse bien por ambos lados, como los marcadores de libros y las decoraciones del árbol de Navidad.

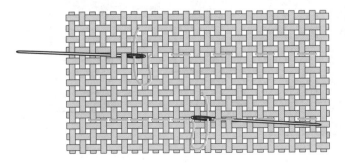

## Blackwork

Éste es un tipo de bordado que se cree llegó a Inglaterra desde España gracias a Catalina de Aragón, la primera esposa de Enrique VIII. A la larga, llegó a ser un estilo inglés en el que se definían secciones mediante puntadas dobles y se llenaban con patrones geométricos complejos. El hilo que se usó originalmente era hilo negro de seda recubierto de cera, aunque a veces se usaban otros colores, en ocasiones el rojo o hilos recubiertos de dorado. El bordado blackwork dejó de usarse en la ropa, pero se siguió usando en los muestrarios. Actualmente, con frecuencia se hace con uno o dos colores secundarios.

# LA HISTORIA DE LOS MUESTRARIOS

La palabra "muestrario" significa "Ejemplar o modelo que se ha de copiar o imitar". Los muestrarios fueron los precursores de los patrones impresos, de las colecciones de puntadas y de los motivos que pueden bordarse en las prendas de vestir o en la ropa de cama. La referencia más antigua a ellos data de 1502, en un documento relacionado con las cuentas de Elizabeth de York, esposa del rey Enrique VII de Inglaterra, donde se lee: "para pagar una tela de lino para un muestrario de la Reina. Mide 115 cm o 45 pulgadas".

Los primeros muestrarios ingleses se bordaban en franjas delgadas de lino, de aproximadamente 15 a 23 cm, que se cortaban del ancho del telar en el que se hacían. La tela era muy cara y los diseños se bordaban en cualquier trozo de tela disponible. Mostraban una gran variedad de puntadas en más de veinte colores diferentes de hilos de seda o metálicos.

El primer libro de patrones se imprimió en Alemania en 1523, y para fines del siglo, todos los demás países europeos habían seguido su ejemplo. El muestrario más antiguo que se conserva tiene la firma de Jane Bostocke, de Inglaterra, y la fecha que aparece en él es de 1598, y ciertamente muestra la influencia de estos patrones.

A lo largo del siglo siguiente se inició la tradición de añadir un borde de diseños geométricos o florales, y después de 1650 empezaron a incluirse frases sobre temas morales. La idea del muestrario como herramienta educativa había llegado, y luego llegó a ser un registro de virtudes y de logros.

A lo largo del siglo XVIII, los muestrarios cambiaron a una forma cuadrada e incluían imágenes ornamentales, mapas, e incluso tablas matemáticas; todo esto tenía el propósito de mostrar la destreza de la persona que lo había bordado.

Para finales del siglo XIX, al terminar la era victoriana, se popularizó la tradición de bordar lemas. Los patrones de papel perforado eran muy baratos; por lo general tenían escenas domésticas o rurales y un proverbio o una cita de la Biblia. El punto de cruz era lo que más se les enseñaba a las niñas en las escuelas y muchas personas bordaban punto de cruz como pasatiempo, logrando resultados muy satisfactorios.

# ALFABETO EN PUNTO ATRÁS

Éste es un alfabeto, que incluye números, que tiene el estilo de un muestrario. Está diseñado para hacerse en punto atrás, usando sólo dos hebras de hilo de algodón para bordar. Este alfabeto también es ideal para bordar letras en artículos pequeños o para bordar tu nombre y la fecha en tu trabajo.

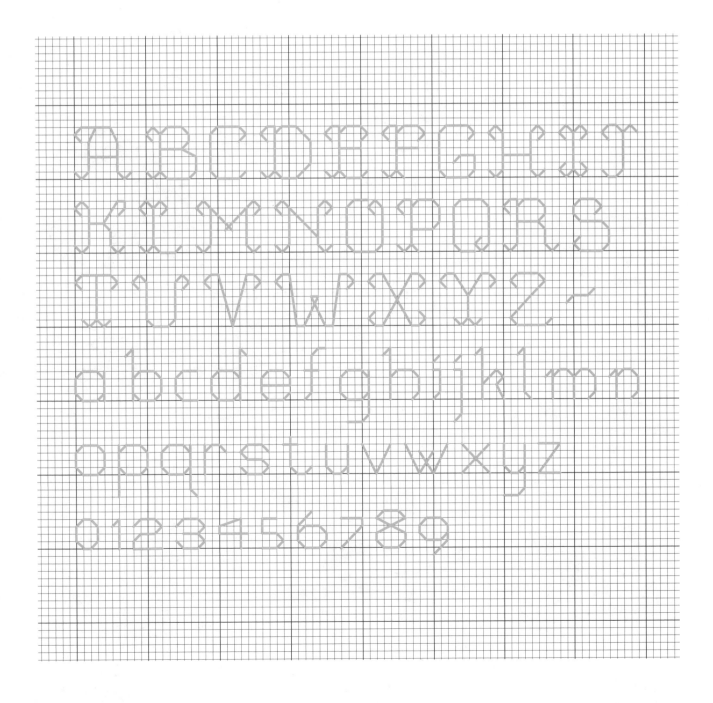

# TEMAS POPULARES EN LOS MUESTRARIOS

Esta página contiene 15 temas populares en una cuadrícula de 10 x 10, para que te sea fácil contar los hilos. Los que están en punto atrás pueden trabajarse sin contar hilos. Bórdalos en un solo color o con muchos colores, como prefieras hacerlo. Y puedes hacer las imágenes en forma individual o combinarlas formando un cuadro.

# BORDADO DE ASÍS

El bordado de Asís es una técnica de bordado que data del siglo XIII y que se originó en la ciudad italiana de Asís. Consiste en motivos "vacíos" (sin bordado), rodeados de punto atrás o de puntadas Holbein, alrededor de las cuales hay un fondo bordado sólidamente en punto de cruz (en las páginas 128-129 aparece una amplia gama de variaciones en punto de cruz).

En un principio, las monjas bordaban estos diseños en los manteles de los altares, trabajaban en telas sencillas de lino con hilo de seda de dos colores. Los bordes de las imágenes se bordaban con hilo negro sobre un fondo rojo o azul; más tarde se introdujeron colores como el café, el verde y el dorado.

Los temas formales son muy apropiados para el bordado de Asís, por ejemplo las bestias heráldicas y las criaturas míticas. Tradicionalmente, las criaturas se colocaban en pares simétricos entre bordes intrincados del mismo color que el fondo.

Para bordar una versión reproducida, necesitarás tela even-weave de lino color crema (de 28 o más). Podrías remojarla brevemente en té negro ligero para darle un aspecto de tela antigua. No la exprimas, deja que escurra y se seque en forma natural; plánchala antes de usarla. Haz pruebas para decidir el número de hilos que usarás para producir el efecto que deseas, pero apágate a los colores tradicionales. Si estás usando una tela de "apariencia antigua", es probable que los tonos más suaves se vean más auténticos.

Por supuesto, puedes tomar el estilo Asís y darle un trato más contemporáneo con hilos multicolores o con tela de color, y los motivos tampoco tienen que ser los tradicionales.

# ANIMALES HERÁLDICOS Y CRIATURAS MÍTICAS

En esta página se muestran varias criaturas fantásticas en una cuadrícula estándar de 10 X 10. Es fácil adaptar estos patrones al estilo Asís dejando vacíos los cuadros que aparecen bordados, marcando sus bordes con puntadas Holbein y bordando el fondo en punto de cruz. En la página anterior aparecen los bordes característicos de filigrana que se usan en los bordados de Asís; también puedes consultar la página 138.

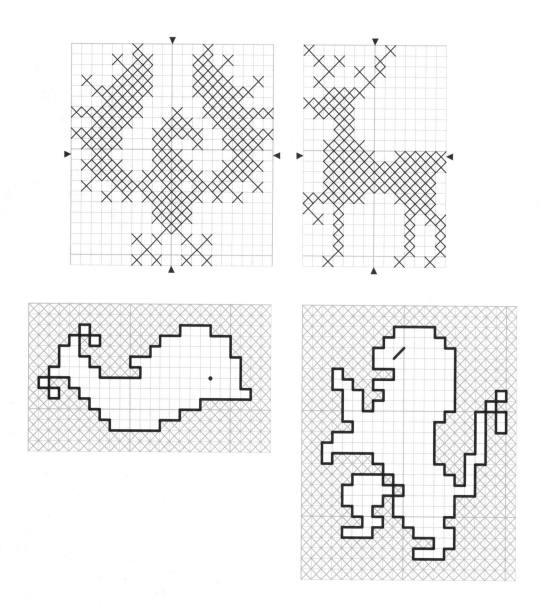

## ALFABETO ESTILO ASÍS

Estas iniciales decorativas marcan un contraste si se les compara con el alfabeto en punto atrás de la pág. 123. Las letras pueden dejarse vacías bordando el fondo, al estilo Asís.

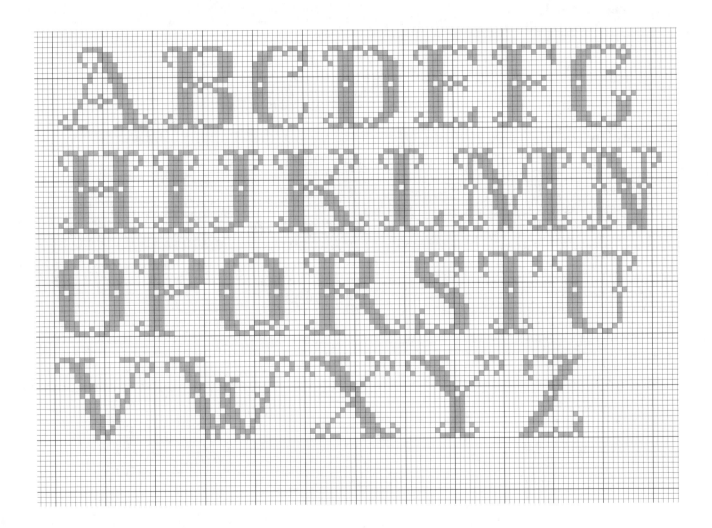

# VARIACIONES DEL PUNTO DE CRUZ

Estos diagramas muestran ejemplos bordados en tela evenweave. Para las telas Aida, divide a la mitad el número de hilos que aparecen en las instrucciones y usa cuadros en lugar de hilos. Todas las puntadas pueden hacerse más grandes o más chicas, aumentando o reduciendo el número de hilos o cuadros con los que trabajas.

## Punto de escapulario

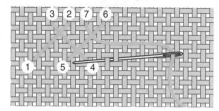

Forma una diagonal tomando 4 hilos hacia la derecha y 4 hilos hacia arriba. Inserta la aguja en la parte superior y sácala dos hilos hacia la izquierda. Haz una puntada diagonal 4 hilos hacia la derecha y 4 hilos hacia abajo. Inserta la aguja en la base y sácala 2 hilos hacia la izquierda. Repite el procedimiento para formar una fila, siguiendo los números que aparecen en los diferentes puntos.

## Punto de escapulario entretejido

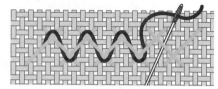

Haz una hilera de punto de escapulario. Remacha un segundo hilo de otro color por el revés de la tela, rodeando los puntos ya existentes. Pasa la aguja por los puntos, entrando y saliendo del punto de escapulario sin penetrar en la tela. Al final pasa la aguja al revés de la tela y remata el hilo.

## Punto de cruz de brazo largo

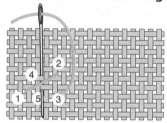

**1** Siguiendo los números, haz una puntada diagonal larga hacia la derecha. Inserta la aguja en la parte superior y sácala de nuevo hacia abajo. Cruza la puntada anterior. Una vez más, inserta la aguja en la parte superior y sácala hacia abajo.

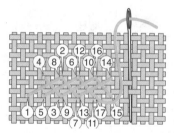

**2** Repite y forma una hilera, siguiendo los puntos numerados. Al hacer varias hileras se puede tener un fondo de aspecto muy sólido, en especial en el bordado de Asís.

## Punto de cruz atado

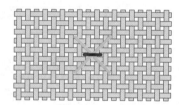

Haz un punto de cruz sobre 4 hilos. Saca la aguja al nivel del centro. Haz una puntada, abarcando dos hilos y cruzando el centro. Después haz una hilera básica de punto de cruz, luego haz puntos al centro de las cruces con una puntada sencilla de otro color.

## Punto de ojo argelino

**1** Saca la aguja en la base del lado izquierdo y haz 8 puntadas rectas en la dirección de las manecillas del reloj, llegando al mismo orificio central; sigue los puntos numerados.

**2** Jala las puntadas con firmeza para crear un orificio en el centro. No permitas que lo cubran los hilos que están por el revés de la tela.

## Punto de doble cruz (Esmirna)

Saca la aguja en la base del lado izquierdo. Haz una puntada diagonal cuatro hilos a la derecha y 4 hilos hacia arriba. Introduce la aguja en la parte superior y sácala a 4 hilos de distancia directamente hacia abajo. Haz otras 3 puntadas rectas, cada una sobre 4 hilos, como lo indican los números.

## Punto de cruz en caja

Haz una cruz vertical sobre 4 hilos. Enciérrala en un cuadro hecho con 8 puntadas de punto atrás o de puntos Holbein, cada uno sobre dos hilos.

## Punto abierto

Forma una rejilla de puntadas largas y rectas en espacios iguales. Pasa la aguja por cada intersección y haz un punto de cruz sobre dos o tres hilos. El hilo que une a las cruces puede ser de otro color. Ésta es una puntada excelente para bordar fondos.

## Cruz trenzada

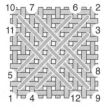

Empieza con la aguja en el lado izquierdo de la base. Haz una puntada diagonal 8 hilos a la derecha y 8 hilos hacia arriba. Inserta la aguja en la parte superior y sácala dos hilos directamente hacia abajo. Haz otras tres puntadas rectas, siguiendo la numeración antes de hacer las últimas 3 puntadas hacia dentro y hacia fuera del primer conjunto.

## Punto de Rodas

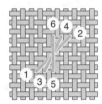

**1** Comienza con la aguja en el lado izquierdo de la base. Haz una puntada diagonal 4 hilos hacia la derecha y 4 hilos hacia arriba. Inserta la aguja en la parte superior y sácala 1 hilo más allá hacia la derecha a lo largo de la base. Haz otras dos puntadas rectas, siguiendo los puntos numerados; termina con una puntada vertical

**2** Haz otras dos puntadas diagonales cruzando la vertical; sigue los puntos numerados.

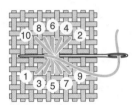

**3** Atraviesa con la aguja, al nivel del punto central. Haz una puntada sobre dos hilos.

## Punto de arroz

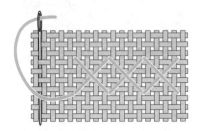

**1** Comienza con la aguja en la base. Haz una puntada diagonal 4 hilos hacia la derecha y 4 hilos hacia arriba. Inserta la aguja en la parte superior y sácala 4 hilos directamente hacia abajo. Repite para formar una hilera, luego regresa y forma las cruces.

**2** Con un segundo color, haz puntadas regresando sobre cada mitad de cada punto de cruz. Las puntadas de regreso se hacen sobre dos hilos.

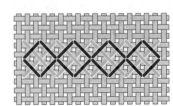

**3** El punto de arroz forma un fondo atractivo en el bordado tipo Asís contemporáneo.

# ALFABETO Y NÚMEROS SANS SERIF (SIN REMATES)

Un tipo de letra Sans Serif (**paloseco, de palo seco** o **sin remates**) es aquel que en cada carácter no tiene unas pequeñas termi-naciones llamadas remates (ver la página siguiente).

# ALFABETO Y NÚMEROS CON SERIF (REMATE)

# PUNTADAS CON NUDOS

En las tablas o patrones de bordado, los nudos aparecen como puntos oscuros. La familia de los nudos tiene un papel importante en el punto de cruz en el que se cuentan los hilos, pues es ideal para detalles pequeños en las flores y en las caras. Sin embargo, estas puntadas pequeñas son más difíciles que otras para algunas personas. Indudablemente, requieren de práctica, pero también es vital utilizar la aguja adecuada. Las agujas de tapicería tienen ojos "gruesos" que no favorecen la formación de lazos o bucles; una aguja de bordar fina, lisa y puntiaguda es lo mejor.

## Nudo francés

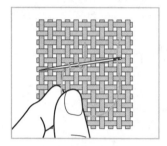 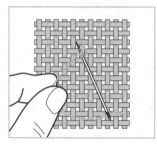 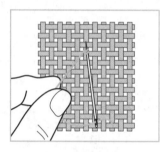 

**1** Envuelve el hilo alrededor de la aguja las veces necesarias, de acuerdo al patrón que estés usando.

**2** Sosteniendo la aguja con una mano, jala el hilo suavemente hasta que el nudo se apriete y empieza a deslizarlo hacia la punta de la aguja.

**3** Inserta la aguja cerca del punto donde el hilo salió originalmente. En las telas evenweave, la distancia es de un hilo; en Aida es del siguiente cuadro. Evita usar el mismo orificio porque si lo haces, el nudo desaparece y se pasa al revés de la tela.

**4** Mientras sostienes la tela, presiona el nudo con el pulgar para que se quede en su lugar; jala la aguja y el hilo suavemente, pero con firmeza hacia el otro lado de la tela, dejando un nudo perfecto en la superficie.

## Nudo de cuatro líneas — Este nudo puede usarse por sí solo o como una puntada de relleno. Se ve bien en posición recta o diagonal.

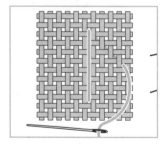 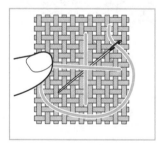 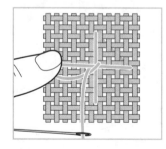 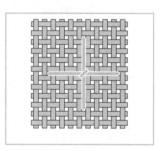

**1** Haz una puntada vertical sobre 8 hilos. Inserta la aguja en la parte superior y sácala 4 hilos hacia abajo y 4 hilos a la derecha, lista para formar los brazos de la cruz.

**2** Sostén el hilo con el pulgar cruzando la puntada vertical mientras deslizas la aguja en diagonal desde la parte superior derecha hacia la base a la izquierda. El lazo que forma el hilo cuelga hacia abajo de la puntada vertical.

**3** Baja la aguja y el hilo con cuidado pasándolos a través del lazo para formar un nudo, y apriétalo alrededor del centro de la puntada vertical.

**4** Inserta la aguja a una distancia de 4 hilos a la izquierda, al nivel del nudo para terminar la cruz.

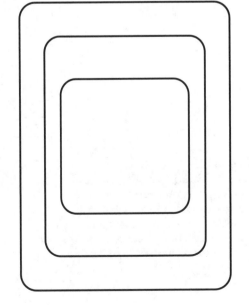

## PLANTILLAS

Las labores de costura incluyen productos que se venden ya hechos (ver la pág. 114) y cualquier otra cosa que tú hagas, como un delantal, una bolsa, un cojín, o artículos que compres especialmente para bordarlos, como un babero de bebé, un camino de mesa o fundas para almohadas.

Calca, copia o escanea estas plantillas para usarlas como bordes, marcos para fotografías o tarjetas de felicitación enmarcadas. Recórtalas con cuidado en papel o en cartón con unas tijeras pequeñas y puntiagudas o con un cúter (siempre usa el cúter lejos de tu otra mano; nunca cortes moviéndolo hacia tu mano).

# TARJETAS DE FELICITACIÓN

Las ocasiones importantes merecen celebrarse con tarjetas que la gente pueda atesorar. Incluso para festejos usuales como los cumpleaños o el Año Nuevo, una felicitación bordada transmite un mensaje especial.

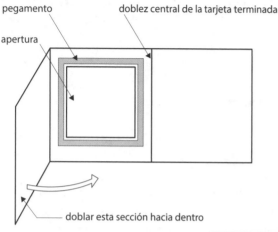

pegamento

doblez central de la tarjeta terminada

apertura

doblar esta sección hacia dentro

## Montaje de tarjetas dobladas

Abre la tarjeta preparada y colócala boca abajo sobre una hoja de papel limpia. Coloca tu trabajo sobre la apertura, utilizando hilvanes (pág. 117) para centrarla. Recorta los márgenes de la tela para que quepa dentro de la tarjeta y retira los hilvanes. Prepara el área adhesiva con una cinta adherente por ambos lados o con pegamento para telas. Verifica la posición del bordado. Si es necesario, añade cinta adhesiva o pegamento a los bordes del lado izquierdo antes de doblar la tarjeta para ocultar la parte posterior del bordado. Plancha con firmeza.

Una caja de luz no sólo es útil para calcar dibujos, se utiliza también para posicionarlos con rapidez y precisión en el montaje y enmarcado. Para hacer una caja de luz necesitas colocar una lámpara debajo de una mesa de cristal y verás cómo tu superficie de trabajo se transforma.

# BANDAS DECORATIVAS

Se pueden conseguir bandas angostas de telas evenweave y Aida, con bordes previamente cosidos y en una gran variedad de colores.

Estas bandas miden de 3.5 a 12 cm de ancho y pueden usarse para hacer una gran variedad de cosas, desde sujetadores para cortinas y adornos para pasteles, hasta cinturones y bolsas pequeñas. Dobla los bordes y adorna el trabajo terminado con un listón ancho que puedes adherir a la parte de atrás de la banda con tela fusible. Si deseas los bordes más firmes, la banda y el listón pueden coserse a mano o a máquina con hilo de seda.

## Marcadores de libros

Diseña marcadores de libros clásicos con iniciales decorativas utilizando este alfabeto o el que está en la pág. 127. Primero, haz tu guía con hilvanes (pág. 117), recuerda dejar tela para hacer dobleces en ambos extremos. Si quieres que un extremo termine en punta, dobla las esquinas hacia arriba, de modo que se junten por el centro en la parte de atrás formando un triángulo. Únelas con puntada invisible antes de planchar el forro para fijarlo en su lugar. Al final puedes coserle una borla.

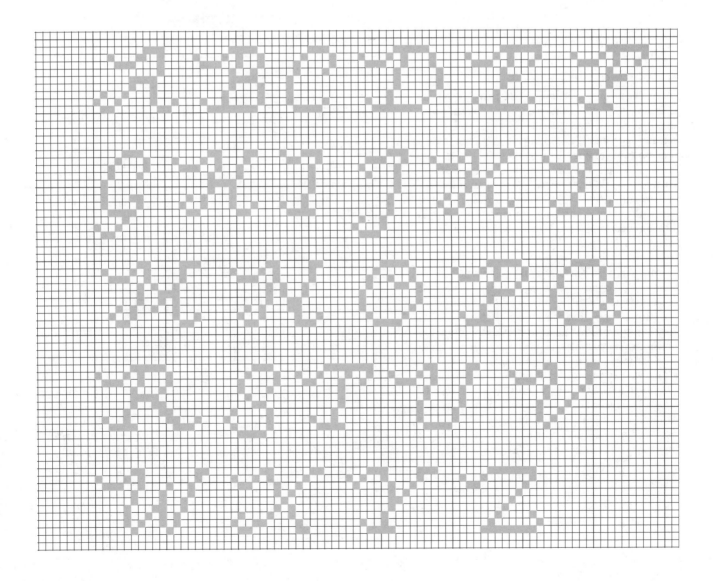

# CÓMO TRABAJAR CON LONA PLÁSTICA (CAÑAMAZO DE PLÁSTICO)

La lona plástica (cañamazo de plástico) es ideal para proyectos tridimensionales porque es fácil cortarlo y darle forma, dejándolo listo para coserse. Lo único que necesitas son unas tijeras con buen filo e ideas brillantes.

La lona plástica (pág. 109) se produce en varios colores o en color neutro. Si un fondo de color no es parte de tu diseño, puedes usar plástico sin color. Se consigue en tres formas: Estándar, rígida o suave. La lona rígida es buena para objetos que tengan que mantenerse derechos por sí mismos, como los marcos y las cajas. Mientras que la suave se usa para hacer objetos flexibles como pulseras y asas para bolsa. De los cuatro tamaños, el más popular es el de 7 hilos por pulgada, que a menudo se trabaja con hilos dobles de estambre de lana. Otra opción sería usar doce hebras de hilo de algodón para bordar con una aguja número 16 o 18.

## Decoraciones festivas

Marca las formas en la lona de plástico estándar con un marcador soluble al agua. Corta el plástico y elimina las protuberancias con las tijeras; los errores pueden corregirse con un buen pegamento. Lava el modelo para eliminar la tinta antes de coserlo. Combina filamentos metálicos (ver foto en la contraportada) con el hilo principal para lograr un efecto tornasolado, o usa estambre Lurex (de aspecto metálico). Al final, cuando hagas punto de festón (pág. 141) alrededor de los bordes, añade cuentas de cristal para darle más brillo.

Haz bandas para colgar adornos con listones angostos o con cordones que tú hagas (ilustración a la derecha). Corta dos trozos de hilo de rayón o de hilo metálico para bordar, deben ser cuatro veces más largos que el cordón que deseas. Amárralos por ambos extremos y pídele a alguien que sostenga un extremo mientras introduces un lápiz en el otro. Tensa el lazo y empieza a torcer el cordón. Cuando lo hayas torcido lo suficiente, el cordón se enrollará cuando relajes la tensión. Pon tu dedo a la mitad, libera un extremo y permite que se tuerza para formar el cordón. Elimina cualquier torcedura con el índice y el pulgar. Hazle un nudo para darle firmeza.

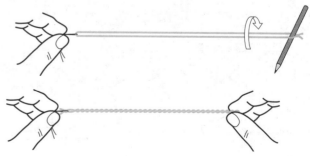

# DISEÑOS EN MINIATURA

Los bordados pequeños se adaptan a muchos artículos que se pueden comprar en tiendas de artesanías, y pueden hacerse en trocitos de tela y con poco hilo de bordar.

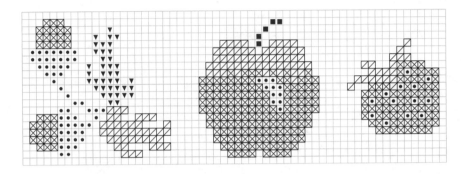

## Estuches para alhajas, dijes y bolsitas

Borda tus miniaturas en tela Aida de 16 a 22 hilos por pulgada, con dos hebras de hilo en una aguja número 26 o 28. Los artículos que se consiguen en las tiendas normalmente tienen una tarjeta; dibuja en ella líneas cruzadas, como las líneas guía que haces cuando trabajas (pág. 117). Alinea el centro con un alfiler, luego hilvana alrededor de la tarjeta. Corta la tela a lo largo de la línea y retira los hilvanes. Plancha el bordado por el revés, colócalo en el objeto y cierra.

## Adorno para tijeras

Borda dos cuadros de tela Aida de 65 mm y plánchalos boca abajo. Une los lados derechos y cose tres lados con punto atrás (pág. 23) con un margen de costura de 6 mm. Recorta las esquinas y voltea la pieza al derecho. Rellena el cojín con guata y antes de coserlo con punto de festón (pág. 43), inserta ambos extremos de un cordón de 40 cm de largo en una esquina. Haz punto de festón (pág. 43) alrededor de los cuatro lados. Haz una borla (ver abajo) y cósela en la esquina diagonalmente opuesta a la cuerda. Al final, enlaza el cordón a un ojo de la tijera.

## Borlas

**1** Envuelve el estambre alrededor de la tarjeta. Introduce un trozo de estambre de 30 cm de largo bajo los lazos superiores.

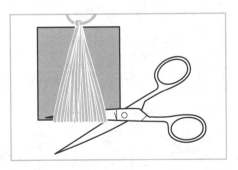

**2** Ata este estambre con fuerza en la parte superior; los extremos pueden amarrarse o retorcerse más tarde; también pueden prepararse para coserlos. Corta la borla por la parte de abajo.

**3** Toma otro trozo de estambre y átalo con firmeza alrededor de los hilos sueltos para formar la parte superior de la borla. Termina haciéndole con un nudo firme. Enhebra los extremos en una aguja y métodos en el centro de la borla antes de emparejar los hilos con las tijeras.

# BORDES Y ESQUINAS

Una característica esencial de los muestrarios del bordado de Asís era que los bordes se hacían cuando el diseño principal estaba completo. El uso inteligente del color puede crear un efecto tridimensional. Sólo se necesitan una o dos hebras de hilo para hacer un borde fino de punto atrás.

# CUARTA PARTE:

# PUNTADAS BÁSICAS PARA EL BORDADO

Esta sección presenta ejemplos de otros puntos de bordado que por lo general no se relacionan con la técnica de contar hilos. Incluye algunos de los puntos más sencillos y populares que se usan alrededor del mundo.

La historia y la geografía han jugado un papel importante en el arte del bordado. Durante siglos, siempre que la gente hilaba fibras de algodón, lino, seda o lana, florecían técnicas de bordado de uno u otro tipo; y cuando la gente viajaba, los puntos de sus bordados se copiaban o adaptaban.

En la década de 1950, el diseño que aparece en esta página se produjo como una imagen que podía transferirse a la tela con una plancha, pero sus orígenes se remontan al bordado tipo crewel, en la época del Rey Jacobo I de Inglaterra, el cual había recibido la influencia de los estilos orientales. Más tarde llegó a los Estados Unidos con los primeros colonizadores.

## Puntada simple decorada

Una hilera de puntadas simples puede verse interesante cuando se enlaza con hilo de otro color. Se sujeta el hilo a las puntadas que ya se hicieron por el revés de la tela y se saca la aguja por el derecho.

**1** Enlaza el hilo deslizando la aguja en forma alterna hacia arriba y hacia abajo, a través de las puntadas, sin penetrar en la tela hasta llegar al final; entonces rematas el hilo por el revés.

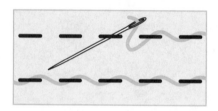

**2** Trenza el hilo deslizando la aguja a través de cada puntada de arriba abajo, sin penetrar en la tela hasta llegar al final; entonces rematas el hilo por el revés de la tela.

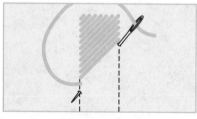
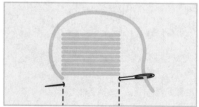

## Punto satín

Es muy probable que el punto satín se haya originado en China; está diseñado para hacer lucir los hermosos hilos de seda que se producen allá. Haz las puntadas muy juntas para cubrir la tela por completo. Mete y saca la aguja conservando el mismo ángulo y sigue un contorno definido.

## Punto de tallo

Este punto es muy útil; es una variación del punto atrás y puede hacerse en curvas o en líneas rectas.

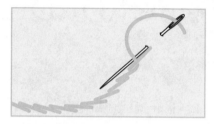

**1** Haz punto atrás sesgado, sacando la aguja ligeramente arriba de la puntada anterior.

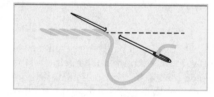

**2** Crea un efecto más grueso, más parecido al efecto cuerda introduciendo la aguja en un ángulo más cerrado y aumentando en número de hebras con las que coses.

## Punto de cadeneta

Éste es un punto hecho con un lazo que se usa para definir contornos y para llenar espacios. Se ve muy bien con tres o más hebras de hilo de algodón para bordar.

**1** Inserta la aguja por la tela y vuelve a insertarla a un lado del punto por donde salió. Deja un lazo por el lado derecho de la tela y sube la aguja a través de ella a corta distancia del punto de inicio. Jala suavemente hasta formar un eslabón en la cadena.

**2** Enhebra tu aguja con hilos de dos colores y haz puntos de cadeneta alternos con ellos. Asegúrate de colocar el hilo que no estés usando por encima de la punta de la aguja.

## Punto de margarita

Es el punto favorito para hacer flores y hojas. Es una variación del punto de cadeneta y puede hacerse para formar un círculo de tantos pétalos como lo desees.

## Puntada de ojal

Es muy similar al punto de festón y tiene la misma construcción básica. Como su nombre lo indica, esta puntada se desarrolló para coser los bordes de un ojal e impedir que el botón desgaste la tela. Las puntadas de hacen muy cerca una de otra, como en el punto satín, puede usarse para dar buen aspecto a los bordes rectos y curvos, y se usa en el bordado tipo calado, como el *borderie anglaise*.

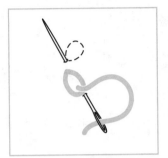

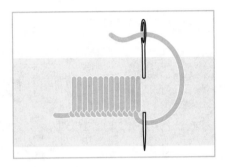

**1** Comienza igual que para el punto de cadeneta, pero trabaja sólo con un lazo.

**2** En lugar de hacer otro pétalo, haz primero una puntada muy pequeña para sostener el lazo abierto en su punto más ancho. Saca ahora la aguja en el punto donde quieras empezar el siguiente pétalo.

## Punto de festón

Podrías pensar que esta puntada pertenece al ámbito de la costura doméstica y no al del bordado, y de hecho se originó para dobladillar mantas, cobijas y toallas. Actualmente es más probable que se use para propósitos puramente decorativos.

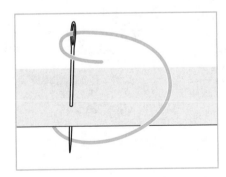

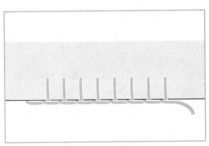

**1** Sujeta el hilo por el revés de la tela y saca la aguja en el borde doblado. Haz la puntada a una altura de aproximadamente un centímetro hacia la derecha, y una vez más directamente hacia abajo.

**2** Pasa la aguja hacia delante a través del lazo, formando una media puntada, y tensa el hilo contra el doblez.

**3** Repite el procedimiento para formar una hilera y remata la costura con una media puntada adicional alrededor del lazo final antes de pasar el extremo del hilo hacia el doblez de la tela.

Alfabeto en letra cursiva, parecida a la escritura a mano. Puede usarse tanto para punto de cruz como para estilos libres de bordado, como el punto de tallo o la cadeneta.

# LAVADO, MONTAJE Y CUIDADO POSTERIOR

## Cómo lavar un bordado

Sin importar lo cuidadosa que seas para guardar tu trabajo y mantener limpias tus manos, hay ocasiones en que un bordado terminado necesita lavarse. Tal vez tengas un antiguo recuerdo de la familia que quisieras lavar, o quizás encuentres un artículo de segunda mano en una venta de caridad.

La mayoría de los hilos para bordar modernos no se destiñen, pero los hilos más antiguos seguramente se van a decolorar. Los colores oscuros y todos los tonos de rojo son los que más atención necesitan. Si tienes dudas, haz una prueba antes de lavar toda la pieza. Puedes remojar trocitos de hilo en agua caliente por unos minutos, o presionar un trocito de algodón contra el bordado (de preferencia por el revés). Si se destiñe o si mancha el algodón, el bordado debe mandarse a la tintorería.

Si la pieza bordada se mancha con vino, tinta, grasa u óxido, existen varios productos patentados para quitar manchas que podrías poner a prueba antes de lavar la pieza; siempre sigue las instrucciones del fabricante de estos productos.

Las piezas bordadas deben lavarse a mano y sólo con agua tibia. Usa escamas de jabón o un detergente líquido para telas delicadas. Elimina la suciedad presionando y exprimiendo suavemente; no talles los bordados. Enjuágalos varias veces con agua fría antes de enrollarlos en una toalla limpia para eliminar el exceso de agua. Sácalos de la toalla, extiéndelos para darles forma.

Extiende otra toalla seca sobre una superficie o un tendedero y coloca la tela bordada sobre ella de modo que quede extendida para que la humedad se evapore con uniformidad de la superficie. No pongas una tela bordada a secar directamente bajo el calor o la luz del sol.

Si la pieza se ha deformado y no toma su figura cuadrada al secarse, "dale forma" extendiéndola y sujetándola con alfileres sobre una superficie suave (como una base de hule espuma), colocando alfileres largos, que no se oxiden, a intervalos uniformes alrededor de los bordes. Déjala así hasta que se seque.

## Cómo planchar los bordados

Los bordados siempre se planchan por el revés sobre una superficie acolchada, y usualmente con una tela entre el revés del bordado y la plancha. Esto impide que las puntadas se aplanen y pierdan su textura. Debes verificar que el calor sea adecuado para la tela. Si no estás usando una plancha de vapor, humedece la tela que pondrás sobre el bordado, para eliminar arrugas profundas.

Planchar al vapor ayuda a emparejar las telas que se bordaron con un aro o bastidor. Sostén la plancha sobre el bordado, pasándola de lado a lado hasta que la humedad sea uniforme en la tela; luego dale forma a la tela suavemente, eliminando la marca hecha por el aro. Vuelve a colocar el bordado al revés y sin usar una tela protectora, para que puedas ver lo que estás haciendo, plánchala colocando la plancha sobre ella y levantándola de inmediato; no deslices la plancha sobre la tela húmeda. Permite que el bordado se enfríe en el lugar donde está.

## Montaje de un bordado

Aunque tal vez no quieras hacer el marco personalmente, montar tu propio trabajo es bastante fácil. Corta una base de cartón delgado, un cartón de montaje o una tabla de espuma prensada. Otra alternativa es el material que se usa para restaurar obras de arte, que puede ser ácido o neutral. Las bases de madera deben serrucharse para darles el tamaño adecuado y la persona que te lo vende debe hacerlo. Usa un cúter con filo (la navajas sin filo de hecho son más peligrosas), una regla de borde recto y una base, para cortar el cartón o las tablas de espuma prensada. Mantén los dedos lejos de la navaja.

Algunas personas prefieren usar un forro (como una almohadilla o cojinete) al preparar su trabajo para enmarcarlo. Hay que cortar el forro del tamaño exacto de la base de cartón. Cuando uses una base de madera, debes colocar la tela contra el lado más burdo.

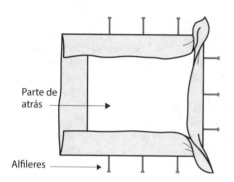

Parte de atrás

Alfileres

Cinta adhesiva    parte de atrás

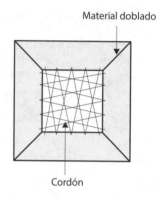

Material doblado

Cordón

**1** Coloca el bordado al revés y acomoda la base sobre él con el forro en medio. Dobla la tela sobre la base y sujétala con alfileres en los bordes. Usa alfileres de cabeza de vidrio. Voltea el bordado y verifica la posición (tal vez tengas que hacerlo varias veces). Asegúrate de que los bordes de la base se estén alineados con la trama de la tela.

**2** No se pueden colocar alfileres en la madera, así que usa cinta adhesiva para fijar el bordado en la posición correcta. Si no vas a usar cordón para fijarlo por detrás, dobla las esquinas con cuidado, tensa la tela y fíjala con la cinta a la parte de atrás por todo el derredor. Debes recordar que la cinta adhesiva a la larga se vuelve quebradiza y deja depósitos de pegamento; nunca debe usarse cerca del área bordada.

**3** Dobla las esquinas de la tela y empieza a sujetarla con cordón por la parte de atrás, empezando por la parte media de uno de los lados más cortos. Usa cordón resistente y trabaja con puntadas muy grandes, tipo escapulario (pág. 128), de lado a lado para no causar demasiada tensión en un solo orificio de la tela. Mantén el cordón suficientemente tenso para que la superficie de la tela bordada quede tensa, pero sin distorsionar el bordado. Repite el procedimiento para unir los otros dos lados.

## Cuidado posterior

Los peores enemigos de las telas bordadas, y de cualquier otro producto textil, son la mugre, la humedad y las plagas de insectos. Si enmarcas tu bordado sin cubrirlo con un cristal, tendrás que quitarle el polvo. El polvo se acumula muy rápido y puede absorber humedad, lo que conduce a la formación de hongos. Lo mejor es utilizar una aspiradora de succión ajustable. Cubre el extremo del tubo de la aspiradora con una media nylon y acércala al bordado, pero sin tocarlo. Los detalles finos pueden limpiarse con un pincel suave de pintor que esté limpio.

Si la pieza bordada se guarda, revísala regularmente para ver si no tiene polilla. Sacúdela y vuelve a doblarla en forma diferente; esto impide que los dobleces se marquen permanentemente. Si la pieza se va a almacenar durante mucho tiempo, debe guardarse estando limpia y sin almidón (a las plagas les encanta el almidón), intercalando trozos de papel higiénico (o kleenex) blanco. También debes envolver la pieza en esta clase de papel. No guardes las telas en lugares mal ventilados o húmedos, como un desván, un sótano o en estantes o baúles que rara vez se abren.

# TÉRMINOS Y ABREVIATURAS PARA EL PUNTO DE CRUZ

**Aida** - tela de tejido en cuadros que tiene una estructura regular y orificios visibles para las puntadas.

**Alfabetos** – tablas de letras y números que se usan en muestrarios y monogramas.

**Algodón mercerizado** – hilo tratado con hidróxido de sodio para fortalecerlo, añadirle lustre y facilitar su teñido.

**Argelino, ojo** – variación del punto de cruz.

**Aro para bordar** – marco de anillos concéntricos que se usa para mantener tensa la tela mientras uno borda.

**Asís** – técnica de bordado que data del siglo XIII, originaria de una ciudad italiana del mismo nombre.

**Banda** – tira delgada de tela evenweave que se usa con propósitos decorativos.

**Bastidor para bordar** – marco rectangular que se usa para mantener tensa la tela mientras uno borda.

**Binca** – tela evenweave de pocos hilos por pulgada que usan las niñas para bordar.

**Blackwork** – puntada decorativa, que originalmente se hacía con hilo de seda negro, que llegó a Inglaterra desde España en el época de la dinastía Tudor.

**Bordado libre** – forma de bordado que no se regula contando hilos.

**Bordar contando hilos** – técnica de bordado decorativo con puntadas que abarcan cierto número de hilos.

**Borde** – marco decorativo que se borda alrededor de un diseño.

**Clavar la aguja como una espada** – método que se usa al bordar con aro o con bastidor; se clava la aguja hacia el otro lado de la tela y se jala desde abajo.

**Clave** – lista de símbolos y colores relacionados en las tablas de punto de cruz.

**Conteo** – número de hilos por pulgada (2.5 cm) de tela.

**Cruz trenzada** – variación del punto de cruz.

**Cuadrícula** – la base de una tabla o patrón en la que cada cuadro representa una puntada.

**En la mano** – sostener la tela en la mano mientras uno cose, no con un aro o bastidor, lo que hace posible que uno cosa sin clavar la aguja en la tela.

**Esmirna (punto de doble cruz)** – variación del punto de cruz.

**Evenweave (lugana)** – tela de lino o de algodón que tiene el mismo número de hilos idénticos por pulgada (2.5 cm) contando en sentido vertical y horizontal.

**Filamento de mezcla** – hilo metálico muy fino que se combina con hilos de algodón.

**Forro** – material que se usa para reforzar las telas que se enmarcan.

**Giro S** – hilos tejidos en sentido contrario a las manecillas del reloj

**Giro Z** – hilos tejidos en sentido de las manecillas del reloj.

**Hilos metálicos** – hilos que combinan fibras metálicas y textiles.

**Hilos multicolores**: Se tiñen de colores o en diferentes tonos del mismo color, a intervalos regulares, durante su fabricación.

**Hilvanes** – puntadas preliminares, se retiran cuando el trabajo está terminado.

**Holbein (doble puntada simple)** – se usa en bordados estilo blackwork o Asís, se hace con puntadas simples dobles.

**Instrumento para acomodar puntadas** – varita de punta hecha de metal o de madera que se usa para dar un aspecto terso al hilo.

**Lazo para comenzar (nudo cabeza de alondra)** - técnica para sujetar el hilo al empezar a trabajar.

**Lino** – tela con gran conteo de hilos; el grosor de los hilos varía. El **lino** es una fibra vegetal obtenida del exterior del centro leñoso de la planta de **lino**.

**Lona duo** – malla de hilos dobles, conocida también como Penélope.

**Lona mono** – malla de un solo hilo.

**Lona para bordar** - tela de algodón almidonada o malla de lino que se consigue en cuatro tamaños de conteo de hilos.

**Lona plástica (cañamazo de plástico)** – plástico perforado que forma una lona (cañamazo) y que se puede conseguir en diversas formas cortadas previamente.

**Madeja** – hilo recogido en vueltas iguales para que luego se pueda devanar fácilmente.

**Montar** – preparar un bordado para exhibirlo; enmarcar.

**Motivo** – diseño de un solo elemento.

**Muestrario** – forma decorativa de mostrar una variedad de puntadas de bordado.

**Multicolores** – hilos que se tiñen de colores o en diferentes tonos del mismo color, a intervalos regulares, durante su fabricación.

**Nudo cabeza de alondra** – técnica para sujetar el hilo al empezar a trabajar.

**Nudo francés** – punto de bordado que se usa para detalles pequeños.

**Papel perforado** – tarjeta con orificios en forma de rejilla al estilo de las tarjetas y lemas que se bordaban en la época victoriana.

**Perla** – hilo brillante de 2 hebras; no puede dividirse.

**Puntada de ojal** – de un acabado agradable a los bordes rectos o curvos y se usa al bordar calados.

**Puntadas fraccionarias** – punto de cruz de un cuarto, la mitad y tres cuartos.

**Punto abierto** - variación del punto de cruz.

**Punto atrás** – se usa para marcar contornos o definir las áreas bordadas con punto de cruz.

**Punto de arroz** – variación del punto de cruz.

**Punto de cruz atado** – variación del punto de cruz.

**Punto de cruz de brazo largo** – variación del punto de cruz.

**Punto de doble cruz (Esmirna)** – variación del punto de cruz.

**Punto de escapulario entretejido** – variación del punto de cruz.

**Punto escapulario** – variación del punto de cruz.

**Stranded** – hilo de algodón o de rayón que puede dividirse en hebras.

**Tabla** – guía detallada para saber dónde van las puntadas al bordar contando hilos, por lo general se hace en papel cuadrícula o en una gráfica.

**Vilene** – entretela no tejida, se consigue sencilla o adherible (con plancha).

# Tejido y ganchillo

Cada generación redescubre la satisfacción de hacer cosas con las manos; se puede experimentar un placer especial creando ropa y accesorios únicos para la familia o tejiendo para obras de caridad.

El tejido es una de las artes manuales más populares del mundo y no es difícil de aprender; lo mismo puede decirse de su pariente cercano, el ganchillo (o crochet). Ambos crean tejidos entrelazando puntos de estambre, no tejen telas a partir de hilos, como los telares. La gran ventaja del tejido y el crochet es que puedes llevar tu trabajo a dondequiera que vayas. Y el tejido adquiere forma a medida que avanzas; no se necesitan patrones de papel, ni tienes que cortar telas; lo único que tienes que hacer al final es unir las piezas.

Claro que existen ciertos métodos y técnicas que la persona debe dominar antes de que su actividad pueda alzar el vuelo. Aquí presentamos los fundamentos del tejido, con ilustraciones que explican los procedimientos paso a paso y te guían; además hay secciones sobre el equipo necesario y sobre la forma de entender los patrones impresos. También se presentan cuatro proyectos sencillos y un glosario. Nos interesa apoyar a quienes aprendieron a tejer en la infancia y desean un repaso rápido para volver a empezar.

El tejido es una artesanía tan antigua que nadie sabe exactamente cuándo comenzó. Es probable que haya evolucionado durante la Edad de Bronce, cuando se empezaron a tejer redes para pescar. Se encontró una red para el cabello, o cofia, de mujer en una turbera, en Dinamarca; y en las tumbas egipcias se han encontrado calcetines tejidos. Es obvio que este arte creció simultáneamente en diferentes partes del mundo y sin duda los marineros tuvieron un papel importante en cuanto a esparcir estos conocimientos.

En Europa, el tejido se desarrolló hasta llegar a ser una destreza comercializable, y ese hecho se reconoció cuando se establecieron gremios de tejedores profesionales. Las únicas mujeres que fueron admitidas en los gremios medievales fueron las viudas que heredaron las afiliaciones de sus esposos. Es interesante notar que en la Antigüedad el tejido era, al parecer, una ocupación masculina, y que al principio las mujeres se involucraban en este proceso en actividades como cardar e hilar las fibras de estambre.

Cuando la maquinaria de la Revolución Industrial remplazó a los artesanos, el tejido a mano sobrevivió como una industria artesanal y fue el medio de sustento para muchas familias pobres. Durante las guerras mundiales, personas de todas las edades respondieron al llamado de "tejer por la victoria" y produjeron miles de calcetines, guantes, bufandas y suéteres para las tropas. El tejido, como forma de sustento familiar, como actividad caritativa o como pasatiempo, sigue proporcionando ropa, juguetes y artículos para el hogar; y todo empieza con una bola de estambre y un par de agujas.

# PRIMERA PARTE

# EQUIPO Y MATERIALES

## TABLAS DE AGUJAS Y GANCHOS
### AGUJAS PARA TEJER
### TABLA DE CONVERSIÓN

| SISTEMA MÉTRICO | REINO UNIDO | ESTADOS UNIDOS |
|---|---|---|
| 2.00 mm | 14 | 0 |
| 2.25 mm | 13 | 1 |
| 2.75 mm | 12 | 2 |
| 3.00 mm | 11 | - |
| 3.25 mm | 10 | 3 |
| 3.50 mm | - | 4 |
| 3.75 mm | 9 | 5 |
| 4.00 mm | 8 | 6 |
| 4.50 mm | 7 | 7 |
| 5.00 mm | 6 | 8 |
| 5.50 mm | 5 | 9 |
| 6.00 mm | 4 | 10 |
| 6.50 mm | 3 | 10.5 |
| 7.00 mm | 2 | - |
| 7.50 mm | 1 | - |
| 8.00 mm | 0 | 11 |
| 9.00 mm | 00 | 13 |
| 10.00 mm | 000 | 15 |
| 12.00 mm | 0000 | 17 |
| 16.00 mm | 00000 | 19 |
| 19.00 mm | - | 35 |
| 25.00 mm | - | 50 |

## GANCHOS DE CROCHET
### TABLA DE CONVERSIÓN

| SISTEMA MÉTRICO | REINO UNIDO | ESTADOS UNIDOS |
|---|---|---|
| Acero | | |
| 1.00 mm | 4 | 10 |
| 1.25 mm | 3 | 8 |
| 1.50 mm | 2.5 | 7 |
| 1.75 mm | 2 | 6 |
| 2.00 mm | 1 | 4 |

*Aluminio o plástico*

| SISTEMA MÉTRICO | REINO UNIDO | ESTADOS UNIDOS |
|---|---|---|
| 2.00 mm | 14 | B-1 |
| 2.25 mm | 13 | B-1 |
| 2.75 mm | 12 | C-2 |
| 3.00 mm | 11 | C-2 |
| 3.25 mm | 10 | D-3 |
| 3.50 mm | 9 | E-4 |
| 3.75 mm | 9 | F-5 |
| 4.00 mm | 8 | G-6 |
| 4.50 mm | 7 | 7 |
| 5.00 mm | 6 | H-8 |
| 5.50 mm | 5 | I-9 |
| 6.00 mm | 4 | J-10 |
| 6.50 mm | 3 | 10.25 |
| 7.00 mm | 2 | K-10.5 |
| 8.00 mm | 0 | L-11 |
| 9.00 mm | 00 | M-13 |
| 10.0 mm | 000 | N-15 |
| 11.5 mm | - | P-16 |
| 16.0 mm | - | Q |
| 19.0 mm | - | S |

# EQUIPO PARA TEJER CON AGUJAS Y GANCHO

El tejido con agujas y gancho requiere de materiales sencillos que son relativamente baratos, aunque siempre vale la pena invertir en los de mejor calidad.

**Agujas para tejer (A),** pueden ser de aluminio, de plástico, de madera y de bambú. Las personas que tejen rápido prefieren la suavidad del aluminio, pero las principiantes prefieren las agujas de plástico porque se resbalan menos y mantienen el estambre en su lugar. La madera y el bambú son materiales cálidos al tacto y más silenciosos para trabajar con ellos.

Las aguja estándar se venden por pares, uno de sus extremos termina en punta y el otro tiene un tope para evitar que los puntos se deslicen y se pierdan. Una **aguja circular (B)** es un tubo flexible de plástico con puntas de metal. Se usa para tejer cosas grandes, como cobijas o prendas sin costuras. Se venden juegos de tres o cuatro **agujas de doble punta (C)**; son para tejidos redondos, como los guantes y calcetines. Hay **agujas de cable especiales (D)** de diversas formas; se usan para prendas de características particulares, como algunos suéteres cerrados.

Un **medidor de agujas con regla (E)** es muy útil. **La aguja sujetapuntos (F)** puede guardar tus puntos o mantener separados los colores. **El contador de filas (G)** y los **marcadores de colores (H)** ayudan a marcar tu progreso, y los **protectores de puntos (I)** garantizan que los

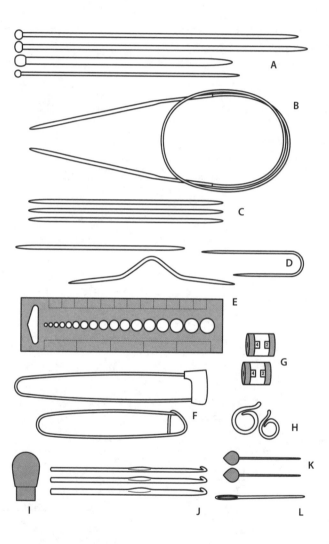

puntos permanezcan en la aguja cuando guardes todo lo relacionado con tu tejido.

**Los ganchos de crochet (J)** se hacen de acero, aluminio, plástico, madera y bambú. Los de acero son tersos, rígidos y se hacen hasta en los diámetros más pequeños para trabajar encajes con hilo muy fino. Los ganchos de aluminio son parecidos y algunos tienen un manguito muy cómodo para sostenerlos. Los ganchos de plástico son ligeros y más baratos que los de metal, pero a veces son demasiado flexibles para un trabajo que debe quedar ajustado y para hilos firmes. Los ganchos de crochet son cortos, por lo general de 13 a 15 cm, ya que, a diferencia del tejido, en el crochet se hacen muy pocas puntadas con el gancho a la vez.

Hay artículos que son útiles en ambos tipos de tejido, por ejemplo: los **alfileres largos (K)** para medir la tensión en las muestras (pág. 151) y para bloquear (pág. 168), y una serie de **agujas de punta roma para estambre (L),** para hacer costuras o para bordar sin atravesar el estambre.

Equipo básico: **tijeras pequeñas** y **una cinta métrica de fibra de vidrio.**

# ESTAMBRES Y FIBRAS

Los estambres para el tejido y el crochet se hacen con una amplia variedad de fibras, naturales y de manufactura humana, y en ocasiones con una mezcla de ambas. Además, se elaboran de diversas formas, lo que nos da opciones en cuanto a elegir texturas; desde estambres básicos de 2 o 4 hilos, hasta estambres tipo chenille (de felpilla) o metálicos brillantes.

Los estambres naturales incluyen los de lana, angora y seda, que calientan bien. Se elaboran a partir de las ovejas, las cabras, los conejos y los gusanos de seda. Los fabricantes también procesas fibras vegetales como el algodón, el lino y el bambú, que producen estambres que son frescos y absorbentes. Los estambres sintéticos, como los de acrílico, poliéster, nailon y viscosa (hechos de celulosa), son populares porque son duraderos y fácil de cuidar.

Es importante elegir el estambre más adecuado para tu propósito, así que lee con cuidado la información que aparece en las bolas de estambre. Tal vez quieras una prenda que pueda lavarse en la lavadora, que no se arrugue o que puedas usarla para enfurtir (apelmazar el pelo) (pág. 189). También debes verificar el contenido de fibras; algunas personas son alérgicas a la lana y solo pueden usar ropa sintética.

Las fibras de hilan formando hebras. Después las hebras se retuercen y se unen para formar el estambre. Sin embargo, una hebra sola puede tener cualquier grosor, así que no representa un peso estándar; de hecho, un estambre muy grueso puede tener menos hebras que uno delgado.

El estambre se vende por peso, no por medida. Esta es otra razón por la cual debemos leer las bandas de papel da las bolas de estambre pues ahí aparece, en metros y en yardas, el largo del estambre que contiene cada bola. Esta información de hecho podría ahorrarte dinero; por ejemplo, 50 gramos de estambre de lana ligero rinden más que 50 gramos de estambre más pesado, como el de algodón.

> Por diversión, puedes hacer experimentos tejiendo con cualquier material flexible: cordón, listón, rafia... incluso con bolsas de plástico cortadas en tiras delgadas.

> Compra suficiente estambre para todo el proyecto. Verifica que el número de lote sea el mismo en todas las bolas de estambre para que sea exactamente del mismo color.

El hecho de usar estambre, agujas o ganchos más gruesos o más delgados afecta el tamaño de la prenda terminada. Esta tabla solo es una guía general. Las bandas de papel que vienen con las bolas de estambre y los patrones impresos recomiendan una combinación del peso del estambre y el tamaño de las agujas o el gancho.

## TABLA DE ESTAMBRES, AGUJAS Y GANCHOS

| REINO UNIDO | ESTADOS UNIDOS | TAMAÑO DE LA AGUJA | TAMAÑO DEL GANCHO |
|---|---|---|---|
| 2 hilos | Encaje / ligero, fino | 2.00 mm | 1.25 mm |
| 3 hilos | Fino | 2.75 mm | 1.25-2.50 mm |
| 4 hilos | Deportivo / Bebé | 3.25 mm | 2.50-4.00 mm |
| Tejido doble | Deportivo /Worsted | 3.50-4.50 mm | 4.00-6.00 mm |
| Aran | Pescador / Medio | 5.00-7.00 mm | 6.00-8.00 mm |
| Chunky (de lana gorda) | Grueso (Bulky) | 5.5- 7.00 mm | 8.00-10.00 mm |
| Super Chunky | Muy grueso (Super Bulky) | 7.00-12.00 mm | 9.00-16.00 mm |

# CÓMO LEER LOS PATRONES DE TEJIDO Y CROCHET

Al iniciar cualquier proyecto, dedica algo de tiempo a leer el patrón impreso, incluyendo la sección relacionada con armar la prenda terminada. Las instrucciones para el trabajo se dividen en diversos encabezados ("espalda" "frente", etc.) y en general es mejor tejer las piezas en el orden en que se dan.

Si estás usando un patrón impreso por primera vez, no dejes que las abreviaturas, los paréntesis y otros símbolos te descontrolen. Se usan para ahorrar espacio y se apegan a un código estándar al que pronto te acostumbrarás.

Los patrones para ropa abarcan muchas tallas, desde las más pequeñas, hasta las más grandes, y se expresan en esta forma:

**Pecho 66 [71 : 76 : 81.5 ] cm (26 [28 : 30 : 32] pulgadas)**

En el patrón impreso, verás que el número de puntadas que se requieren para cada talla se expresan en la misma forma. Es útil resaltar con un marcador las cifras que se aplican a la talla que necesitas antes de empezar la labor.

Las combinaciones decorativas de puntos requieren números específicos de puntos múltiples, para que el patrón corresponda exactamente a la fila o hilera. Por ejemplo, si el patrón pide 7 puntos múltiples más 2 (un punto extra a cada lado para la bastilla), el número total de puntos debería ser un múltiplo de 7 (14, 21, 28, etc.), más 2.

Las combinaciones especiales de puntos aparecen con corchetes [ ] o paréntesis ( ) y eso significa que deben repetirse en el orden que se muestra. Por ejemplo:

**2 pr (2 pd, 2pr) diez veces, 3 pd.**

**Eso significa:** después de tejer los primeros dos puntos revés, repite haciendo dos puntos derecho y dos puntos revés diez veces (40 puntos en total), luego termina con tres puntos derechos.

Cuando aparece un asterisco * antes de una instrucción, eso significa que los puntos que siguen deben repetirse a partir del último punto. Éste es un ejemplo de crochet:

**3pc, *2 p.a. doble en el siguiente p.a. doble, 1 p.a. doble; *repetir, unir con un pr en el primer p.c.**

**Eso significa:** tres puntos cadena, luego teje dos puntos altos dobles en la parte superior del siguiente punto alto doble de la ronda anterior, y un punto alto doble hacia la siguiente; repetir la secuencia de puntos altos dobles hasta completar la ronda, y unir con un punto raso en el primer punto cadena.

La lista completa de abreviaturas y términos para tejido y crochet se encuentra en las págs. 190-191.

# EJEMPLOS DE TENSIÓN EN EL TEJIDO Y EL CROCHET

Todos los patrones de tejido y crochet mencionan la tensión que se requiere en el tejido. Es vital para el tamaño de la prenda terminada y corresponde a la tensión que logró la persona que diseñó la prenda original.

La tensión se refleja en el número de puntos y el número de vueltas que se miden con un cuadrado de 10 x 10 cm, al tejer el punto del patrón con unas agujas o con un gancho de cierto tamaño específico.

Por ejemplo:

**20 puntos y 22 vueltas para 10 cm pasando encima del punto con agujas de 5.50 mm.**

**12 puntos y 5 vueltas para 10 cm en un patrón con gancho de crochet de 6.50 mm.**

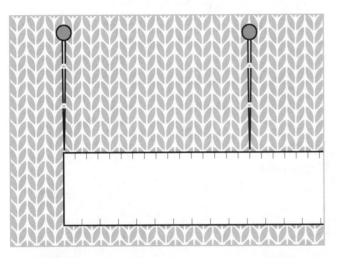

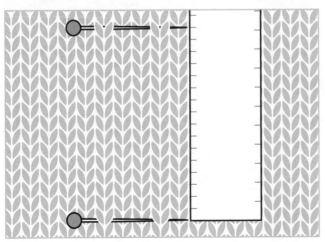

Puedes hacer esta prueba; trabaja un área ligeramente más grande que el cuadrado de 10 x 10 cm con el punto que aparece en el patrón, usando el estambre y las agujas del tamaño que se requiere. Fija tu muestra con alfileres, colocándola plana sobre una superficie firme, sin estirarla. Mide un cuadrado de 10 x 10 cm con una regla y márcalo con cuatro alfileres largos.

Cuenta las vueltas y puntos que hay entre los alfileres; incluye los medios puntos o vueltas, ya que afectarán el tamaño en un proyecto grande. Si tu muestra tiene muy pocos puntos o vueltas en el cuadrado, es que tu tensión es demasiado floja y debes intentar tejer con un gancho o con agujas más pequeñas. Si son demasiados puntos, el tejido está demasiado apretado y debes tratar de hacerlo con agujas más grandes. Haz experimentos hasta que llegues a la tensión vertical y horizontal correcta. Si tienes que elegir entre una de estas dos tensiones, opta por el ancho correcto; el largo puede ajustarse fácilmente tejiendo más o menos vueltas.

**El tejido que queda demasiado flojo propicia que los puntos se rocen entre sí, lo que a su vez causa que las fibras del estambre se rompan y formen nudos o bolitas de aspecto desagradable en el tejido. Estas bolitas se conocen como frisado. Existen diversos cepillos, escobillas o navajas para eliminarlo.**

# CÓMO CALCULAR CANTIDADES

Si quieres cambiar el tipo de estambre utilizando uno distinto al que se pide en el patrón impreso, primero ponlo a prueba con un medidor de tensión (pág. 151). Cuando la tensión te satisfaga, encuentra un patrón para un estilo similar que utilice el tipo de estambre que elegiste, y guíate por las cantidades que el patrón te sugiera.

Otra forma de calcular es trabajar con toda una bola del estambre que elijas, medir el área y luego calcular el área total de tu diseño y la cantidad de bolas de estambre que necesitarás para completarlo.

Este método también se utiliza si quieres calcular cantidades al cambiar el punto que pide el patrón, en lugar de cambiar el estambre en sí. Pero debes recordar que cualquier variación de un punto sencillo a uno elaborado siempre consumirá más estambre.

La cantidad de estambre que obtengas de una bola depende de la calidad de la fibra con la que está hecho el estambre. Si sustituyes estambre de algodón o metálico por estambre de lana, el de algodón y lana es menos elástico y tendrás que aumentar puntos para compensarlo, ya que el tejido quedará más apretado y utilizarás una mayor cantidad. Por el contrario, los estambres de fibras más sueltas rinden más, al igual que los estambres sintéticos en general, así que trabajarlos con una tensión más suelta podría ahorrarte mucho estambre.

## CANTIDADES APROXIMADAS PARA UN SUÉTER DE MANGA LARGA CON BASE EN EL PESO Y LA FIBRA

*(Calcula aproximadamente un 30% menos para un chaleco o para un suéter infantil)*

| PESO DEL ESTAMBRE | BOLAS DE 100 g | FIBRA DEL ESTAMBRE | BOLAS DE 100 g |
|---|---|---|---|
| Mediano | 3-4 | Acrílico y nailon | 3-4 |
| Doble tejido | 4-5 | Acrílico y lana | 4 |
| Aran | 6 | Lana pura | 5 |
| Grueso | 7 | Algodón | 6 |

En el iPhone hay una aplicación que calcula la cantidad de estambre para tejido y crochet. Te dice cuánto estambre se necesita para un suéter estándar, para calcetines, para una gorra, una manta, etc., basándose en la tensión y en las medidas que introduzcas.

# SEGUNDA PARTE

# MÉTODOS Y TÉCNICAS DE TEJIDO

## CÓMO SOSTENER EL ESTAMBRE Y LAS AGUJAS

La forma en que sostienes las agujas de tejer y el estambre afecta la uniformidad y la tensión del tejido. No existen reglas fijas, así que pon a prueba los métodos que se muestran hasta que encuentres uno que sea adecuado para ti. Tal vez parezca complicado, pero entrelazar el estambre con el que estás trabajando en tus dedos, no sólo te ayudará a tejer más rápido, sino que es una forma de controlar mejor el estambre y el tejido será más uniforme.

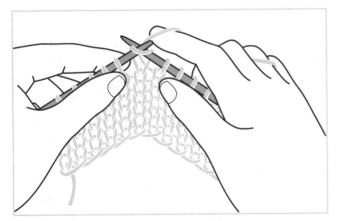
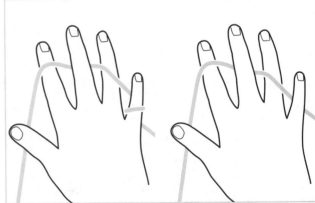

# CÓMO PONER (MONTAR) PUNTOS PARA TEJER

Poner la primera vuelta de puntos en la aguja se conoce como montar puntos. Las siguientes vueltas de basan en esta hilera inicial de lazos. Puedes montarlos usando dos agujas, o con una sola aguja y tu dedo pulgar.

## Método de dos agujas

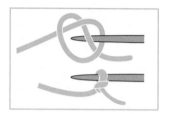

**1** Haz una lazada en el extremo del estambre y tensa un bucle alrededor de una aguja, dejando un trozo suelto de estambre de 15 cm.

**2** Con esta aguja en la mano izquierda, inserta la punta de la aguja que tienes en la mano derecha en el lazo, del frente hacia atrás. Pasa el estambre por abajo y por arriba de la punta de la aguja de la mano derecha.

**3** Mantén el lazo nuevo en la aguja de la mano derecha y la lazada en la aguja de la mano izquierda. Desliza la aguja de la mano derecha desde atrás de la mano izquierda, pasando el estambre a través de la lazada para formar un nuevo punto.

**4** Inserta la aguja de la mano izquierda en el nuevo punto de la parte de enfrente hacia atrás y retira por completo la de la derecha. Jala suavemente el estambre para apretar el nuevo punto alrededor de la aguja de la mano izquierda.

Repite hasta que tengas el número de puntos que se requieren en la aguja de la mano izquierda (el lazo inicial cuenta como punto).

## Método del pulgar

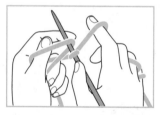
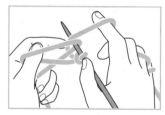

**1** Haz una lazada en el estambre y sujeta el lazo alrededor un una sola aguja, dejando un extremo suelto de 250 cm; suficientemente largo para montar 100 puntos. Con la aguja en la mano derecha, envuelve el extremo en la dirección de las manecillas del reloj alrededor de la articulación superior de tu pulgar izquierdo.

**2** Sosteniendo el extremo del estambre en la palma de la mano, introduce la punta de la aguja en el lazo que está alrededor de tu pulgar.

**3** Trabajando con el estambre de la bola, envuelve el estambre por abajo y por arriba de la punta de la aguja.

**4** Pasa el estambre a través del lazo para formar un nuevo punto y ténsalo alrededor de la aguja, jalando suavemente el estambre con el que estás trabajando y el extremo suelto de estambre.

Repite hasta que tengas el número de puntos que se requieren en la aguja (el lazo inicial cuenta como punto).

# CÓMO REMATAR (CERRAR PUNTOS) AL TEJER

Cuando termines de tejer, sujeta los puntos rematándolos para que no se destejan. Esta misma técnica se usa para disminuir (reducir) puntos, por ejemplo cuando le das forma a la sisa (págs. 164-165). Puedes cerrar puntos en una vuelta de derecho o de revés: Ver la página 156 para aprender a tejer el punto revés. Mantén la misma tensión que tiene el resto de tu tejido y trata de no apretarlo demasiado. Si quieres que el borde sea más elástico, usa el terminado elástico.

## Cómo cerrar puntos

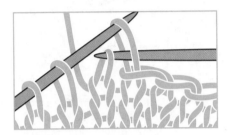
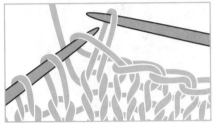
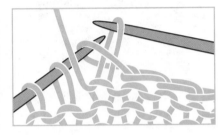

**1** **Con punto derecho:** Empieza tejiendo los dos primeros puntos de la vuelta en que vas a rematar el tejido e inserta la punta de la aguja de la mano izquierda en el primero de estos dos puntos.

**2** **Con punto derecho:** Levanta el primer punto sobre el segundo y retira la aguja de la mano izquierda de modo que el primer punto quede cerrado alrededor de la base del segundo. Un punto permanece en la aguja de la mano derecha; ahora teje el siguiente punto para que vuelvas a tener dos.

**3** **Con punto revés:** Trabaja la vuelta de punto revés en la misma forma, pero haz punto revés en lugar de derecho.

Repite hasta que sólo quede un punto en la aguja de la mano derecha. Corta el estambre, dejando un extremo suelto de 15 cm. Desliza el último punto fuera de la aguja, introduce el extremo del estambre a través de él y jala suavemente hasta que quede parejo con el resto de la hilera de puntos. Enhebra el extremo suelto de estambre en una aguja de punta roma para estambre y cóselo por el borde a lo largo de aproximadamente 7 cm.

## Terminado elástico

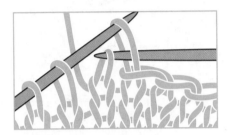

Repite hasta que sólo quede un punto en la aguja de la mano derecha. La versión de este método con punto revés a veces recibe el nombre de "cerrar puntos estilo ruso".

**1** Teje juntos los dos primeros puntos en la aguja del lado izquierdo, insertando la punta de la aguja del lado derecho por detrás de ambos lazos.

**2** Desliza el nuevo punto que hiciste en la aguja de la mano derecha regresándolo a la aguja de la mano izquierda, listo para tejerlo junto con el siguiente punto.

# PUNTOS BÁSICOS Y MÁS

El derecho y el revés son los dos puntos básicos de tejido. Empieza sosteniendo la aguja en la que colocaste los puntos con la mano izquierda, y el estambre y la otra aguja en la mano derecha.

## Derecho (p o der)

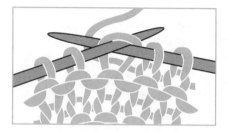 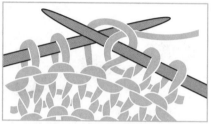 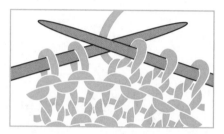

**1** Con el estambre atrás, inserta la punta de la aguja de la mano derecha en el primer punto de la aguja de la mano izquierda de la parte del frente hacia atrás.

**2** Pasa el estambre por abajo y por arriba de la punta de la aguja de la mano derecha. Forma un lazo nuevo deslizando la punta de la aguja de la mano derecha hacia arriba, por encima de la izquierda.

**3** Pasa el estambre totalmente a través del punto de la aguja de la mano izquierda y desliza todo el punto nuevo a la aguja de la mano derecha. Tejiste un punto.

Repite esta acción en cada uno de los puntos que están en la aguja de la mano izquierda hasta que todos estén en la aguja de la mano derecha. Así terminas una vuelta. Para tejer la siguiente vuelta, cambia las agujas de modo que los puntos que tejiste queden a tu izquierda y sostén la aguja vacía con la mano derecha; todo está listo para tejer otra vuelta en la misma forma.

## Revés (pr)

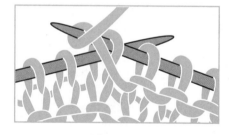  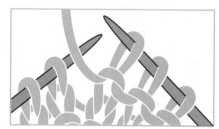

**1** Con el estambre al frente, inserta la punta de la aguja de la mano derecha en el primer punto de la aguja de la mano izquierda, de la parte de atrás hacia delante. Pasa el estambre por encima y alrededor de la punta de la aguja de la mano derecha.

**2** Forma un nuevo lazo deslizando la punta de la aguja de la mano derecha por debajo de la izquierda.

**3** Pasa por completo el estambre por el punto de la aguja de la mano izquierda y desliza todo el punto nuevo a la aguja de la mano derecha. Hiciste un punto revés.

Repite esta acción con cada punto que esté en la aguja de la mano izquierda hasta que los puntos estén en la aguja de la mano derecha. Así terminas toda una vuelta. Para hacer punto revés en la segunda vuelta, cambia la aguja que tiene todos los puntos a tu mano izquierda y sostén la aguja vacía en tu mano derecha para empezar a tejer otra vuelta en la misma forma.

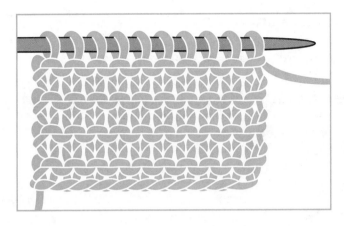

## Punto bobo

Haz todas las vueltas con punto derecho.

Se logra el mismo efecto haciendo todas las vueltas con punto revés.

El punto bobo es el tejido más fácil, y puede hacerse con cualquier número de puntos.

### PROYECTO

**Si ya quieres empezar tu primer proyecto, trata de hacer una bufanda de punto bobo con estambre doble o estambre grueso con agujas de 6.00 mm [Número 10 en Estados Unidos]. Monta de 50 a 70 puntos y teje las vueltas que necesites para darle a la bufanda el largo deseado, antes de rematar. Como toque final, añade un borde (pág. 171).**

## Punto jersey

Primera vuelta – derecho

Segunda vuelta – revés

Repetir estas dos vueltas para lograr el efecto.

El lado "derecho" del tejido tendrá el aspecto de una serie de letras "V" parejas (ver pág. 151), mientras que el "revés" del tejido presentará una serie de surcos horizontales. El tejido hecho con punto jersey tiende a enrollarse en los lados.

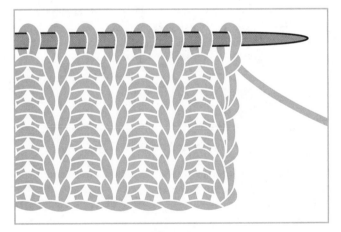

## Tejido elástico

Múltiple de dos puntos

Cada vuelta: 1 derecho, 1 revés; repetir hasta el final de la vuelta.

Asegúrate de tejer un revés en los puntos donde tejiste un derecho en la vuelta anterior y viceversa, de lo contrario el patrón vertical distintivo no se logrará. El tejido elástico es flexible y es ideal para hacer cuellos, puños y cinturones.

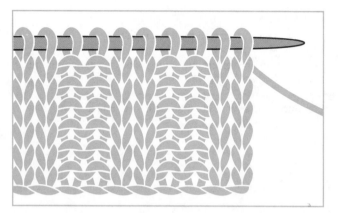

## Doble elástico

Múltiple de cuatro puntos
Cada vuelta con dos derechos, dos revés, repitiendo hasta el final.

Asegúrate de hacer punto revés donde hiciste derecho en la vuelta anterior, y viceversa, de lo contrario el patrón vertical característico no se logrará.

## Punto de musgo

Múltiple de dos puntos
Primera vuelta: 1 derecho, 1 revés, repetir hasta el final.
Segunda vuelta: 1 revés, 1 derecho; repetir hasta el final.
Repetir estas dos vueltas para crear el efecto.

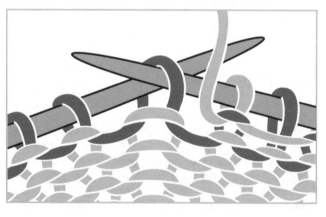

## Pasar puntos

Transfiere un punto de la aguja de la mano izquierda a la aguja de la mano derecha sin trabajar el estambre. Si no se te ordena otra cosa, siempre debes transferir los puntos como si estuvieras tejiendo un revés, con la punta de la aguja de la mano derecha cruzando la parte frontal de la aguja de la izquierda, como si te estuvieras preparando para tejer un revés. Esto mantiene al punto sin torcerse y con la misma postura.

## Tejido de esterilla

*Ver la fotografía 2 en la contraportada*

Múltiple de 8 puntos más 3
**Vuelta 1:** (lado derecho) derecho
**Vuelta 2:** 4 derechos, 3 revés, *5 derecho, 3 revés; repetir hasta el final.
**Vuelta 3:** 4 revés, 3 derecho *5 revés, 3 derecho; repetir hasta el final.
**Vuelta 4:** Igual que la vuelta 2
**Vuelta 5:** derecho
**Vuelta 6:** 3 revés, *5 derecho, 3 revés
**Vuelta 7:** 3 derecho, *5 revés, 3 derecho; repetir hasta el final
**Vuelta 8:** Igual que la vuelta 6
Repetir las vueltas 1 a 8 para lograr el efecto.

## Punto de musgo doble

*Ver la fotografía 1 en la contraportada*

Múltiple de 4 puntos
**Vuelta 1:** 2 derechos, 2 revés; repetir hasta el final
**Vuelta 2:** 2 revés, 2 derechos; repetir hasta el final
**Vuelta 3:** Igual que la vuelta 1
**Vuelta 4:** Igual que la vuelta 2
Repetir las vueltas 1 a 4 para lograr el efecto.

# PROYECTO: SOMBRERO DE CORDONCILLO PARA NIÑA DE DOS AÑOS, CON BORDE DOBLADO Y BORLA

## Mútliple de 4 puntos

Usa estambre grueso de lana con agujas de 6.00 mm [10 en Estados Unidos] o dos hilos dobles de estambre para tejer al mismo tiempo (en diferentes colores para producir un efecto multicolor).

*Esta gorra está diseñada para niños (niñas) de 1 a 3 años, aunque el punto elástico se extiende mucho y la gorra podría ser adecuada para niños un poco más grandes. Los resultados dependen de la tensión de los puntos y de cualquier otra variación que decidas introducir en el tamaño de la aguja o en el grosor del estambre. Teje primero una muestra (pág. 151); Monta 20 puntos y teje 10 vueltas con punto elástico de 2 derechos y 2 revés. Sin estirarlo, el tejido debería medir aproximadamente 10 cm de ancho.*

Monta 60 puntos.

**Primera vuelta:** derecho por atrás del punto, para tener un borde definido.

**Segunda vuelta:** derecho hasta el final de la vuelta.

**Tercera vuelta:** (LADO DERECHO) *2 derecho, 2 revés; repetir *hasta el final de la vuelta.

Teje un total de 34 vueltas con el patrón elástico de 2 derechos 2 revés. El tejido mide 21.5 cm, incluyendo un doblez de 5 cm.

## Disminuir

**Primera vuelta:** (LADO DERECHO) *2 derechos, tejer dos puntos revés retorcidos juntos; repetir *hasta el final de la vuelta (quedan 45 puntos).

**Segunda vuelta:** *1 derecho, 2 revés; repetir *hasta el final de la vuelta.

**Tercera vuelta:** tejer 2 puntos derechos juntos; repetir hasta el final de la vuelta (quedan 30 puntos)

**Cuarta vuelta:** *1 derecho, 1 revés, repetir hasta el final de la vuelta.

**Quinta vuelta:** *1 derecho, 1 revés, tejer dos puntos derechos juntos; repetir desde * hasta los dos últimos puntos, 1 derecho, 1 revés (quedan 23 puntos)

**Sexta vuelta:** *Tejer dos puntos revés juntos; repetir desde * hasta el último punto, 1 revés (quedan 12 puntos)

**Séptima vuelta:** *Tejer dos puntos derechos juntos; repetir desde * hasta el final de la vuelta (quedan 6 puntos).

Corta el estambre dejando un extremo largo de aproximadamente 90 cm. Enhebra una aguja grande de tapicería o una aguja para estambre. Saca con cuidado los seis puntos que quedan en la aguja de tejer y sosteniéndolos con firmeza en la base, pasa la aguja de coser con el estambre largo a través de los lazos.

Forma un anillo con los seis puntos y únelos con punto atrás antes de usar el resto del estambre largo para unir la gorra desde la parte superior hasta el borde. Ten cuidado de mantener el patrón del tejido elástico derecho a la largo de la costura.

Haz un pompón de 5.5 cm (pág. 172) y cóselo a la parte superior de la gorra.

## Punto ojalillo (eyelet cable)

*Ver fotografía número 3 en la contraportada*

Éste es otro punto que podrían usar quienes disfrutan de la aventura (en promedio, ocho puntos miden 2.5 cm), lo que es muy práctico para tejer gorros y bufandas.

Monta puntadas en múltiplos de 5, más 2.

**Primera vuelta:** (LADO DERECHO) 2 puntos revés, * 3 puntos derechos, 2 puntos revés, repetir desde * hasta el final.

**Segunda vuelta:** (LADO REVÉS) 2 puntos derechos, *3 puntos revés; 2 puntos derechos, repetir desde * hasta el final.

**Tercera vuelta:** 2 puntos revés, *deslizar 1 punto revés [como si fueras a tejer un punto revés], 2 puntos derechos, pasar el punto deslizado por encima de los 2 puntos derechos tejidos, 2 puntos revés; repetir desde * hasta el final.

**Cuarta vuelta:** 2 puntos derechos, *1 punto revés, hacer lazada, 1 punto revés, 2 puntos derechos; repetir desde * hasta el final.

Repite las vueltas 1 a 4 para formar el patrón.

## CIRCUNFERENCIA PROMEDIO DE LA CABEZA Y ALTURA DE LA GORRA

| | | |
|---|---|---|
| **NIÑO(A) de 1 a 3 años** | Circunferencia 46-51 cm | Altura 20 cm |
| **NIÑO(A) de 3 a 10 años** | Circunferencia 48-52 cm | Altura 21.5 cm |
| **ADULTO JOVEN** | Circunferencia 52-56 cm | Altura 23 – 26 cm |
| **MUJER** | Circunferencia 54-57 cm | |
| **HOMBRE** | Circunferencia 58.5-61 cm | |

# BORDES

Los bordes se ven mejor cuando el tejido es parejo y esto también ayuda a que sea más fácil coserlos. Un buen consejo para que los bordes queden bien, especialmente cuando usas el punto jersey, es tejer los primeros cuatro puntos de cada vuelta apretándolos bien, y dejar los últimos cuatro puntos flojos; en esta forma la tensión de los bordes se equilibra cada vez que voltees tu tejido.

### Borde deslizando puntos

En las vueltas de derecho, desliza el primer punto en dirección al derecho y el último punto en la vuelta es un punto derecho.

En las vueltas de revés, desliza el primer punto en dirección al revés y el último punto de la vuelta es un punto revés.

Este método empareja ambos bordes y forma una ligera protuberancia que aparece en cada segunda vuelta. Estas protuberancias hacen que sea fácil contar las vueltas y eso es útil a la hora de unir las piezas emparejando bien los puntos.

### Borde abierto

En las vueltas de derecho, desliza el primer punto y los últimos puntos de cada vuelta deben ser hacia el derecho.

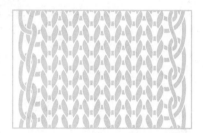

En la vuelta de revés, todos los puntos finales son revés.

Sólo se usa cuando el borde de tu labor se va a dejar abierto, como en una bufanda. Es un borde demasiado flojo (suelto) para coserse a otra pieza.

# CÓMO AÑADIR ESTAMBRE ADICIONAL SIN HACER NUDOS

Ésta es una forma de añadir estambre al principio de una vuelta si estás tejiendo bandas horizontales.

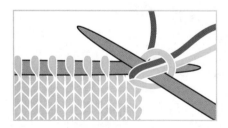

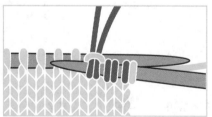

Cuando termines, entreteje los extremos sueltos en los bordes o por el revés de tu tejido, con una aguja para estambre.

**1** Introduce la aguja de la mano derecha en el primer punto de la aguja de la mano izquierda y envuelve en ella el estambre con el que estabas trabajando y el nuevo; teje un punto con ambos estambres juntos.

**2** Suelta el estambre con el que ya estabas trabajando y teje los dos puntos siguientes con el estambre nuevo doble, luego suelta el extremo del estambre nuevo y sigue tejiendo. Trata los puntos dobles como puntos normales en la siguiente vuelta.

# PROCEDIMIENTOS DE EMERGENCIA

## Cómo recuperar puntos que se saltaron

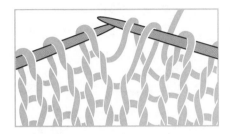 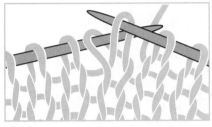 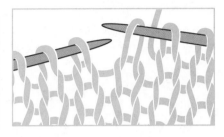

**1** Los puntos que se saltaron en una vuelta de tejido muestran un lazo de estambre hacia atrás.

**2** Introduce la aguja de la mano derecha en el lazo vacío, toma el estambre del punto saltado y llévalo a la aguja de la mano derecha.

**3** Transfiere el punto rescatado a la aguja de la mano izquierda de modo que se destuerza y quede en la posición correcta en el lado correcto; ya puedes seguir tejiendo normalmente.

Trabaja a la inversa si el estambre suelto está frente al punto saltado.

## Cómo remendar "escaleras"

Cuando un punto saltado se desliza hacia abajo, forma una "escalera". Usa un gancho de tejer para recuperar el punto y súbelo moviendo cada "peldaño" sucesivo hacia delante (derecho) o hacia atrás (revés), a través del lazo.

## Cómo corregir un error

Si cometes un error antes de terminar una vuelta, es muy fácil deshacer tus puntos para corregirlo.

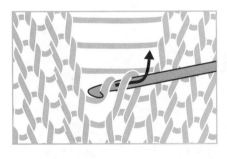 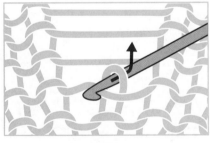 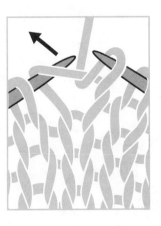

**1** Así se remienda una escalera en una vuelta de puntos derechos.

**2** Así se remienda una escalera en una vuelta de puntos revés.

Introduce la punta de la aguja de la mano izquierda en el lazo que está debajo del último punto que tejiste en la aguja de la mano derecha. Transfiere este lazo a la aguja de la mano izquierda, permitiendo que el punto que está sobre él se deslice y se salga de la aguja de la mano derecha. Repite retrocediendo lo que sea necesario.

# AUMENTAR

Al tejer una prenda, es necesario dar forma al tejido y esto significa que hay que añadir puntos. Existen varios métodos para añadirlos

## Trabajar dos veces el mismo punto (aumentar uno)

Este método se usa para dar forma a los bordes de una prenda.

**1 A MODO DE UN PUNTO DERECHO:** Con el estambre hacia atrás, introduce la aguja de la mano derecha del frente hacia atrás y haz un punto en la forma usual sin deslizarlo hacia la aguja de la mano izquierda.

**2 A MODO DE UN PUNTO DERECHO:** Manteniendo el lazo nuevo en la aguja de la mano derecha, introduce la aguja de la mano derecha en la parte de *atrás* del mismo punto en la aguja de la mano izquierda y vuelve a tejer, completando la transferencia hacia la aguja de la mano derecha.

**3 A MODO DE UN PUNTO REVÉS:** Con el estambre al frente, introduce la aguja de la mano derecha de la parte de atrás hacia delante y haz un punto revés como de costumbre sin deslizarla y pasarla a la aguja de la mano izquierda.

**4 A MODO DE UN PUNTO REVÉS:** Mantén el nuevo lazo en la mano derecha, introduce la aguja de la mano derecha en la parte de atrás del mismo punto en la mano izquierda y haz otro punto revés, completando la transferencia a la aguja de la mano derecha.

## Aumento de puntos (hacer uno)

Se usa para dar forma al cuerpo de una prenda. Este método es más fácil si se hace en una vuelta de punto derecho. Es más complicado manipular la aguja de la mano derecha en una vuelta de punto revés.

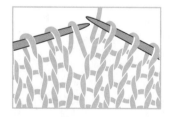  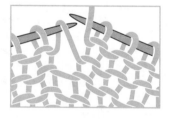 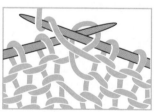

**1 EN UNA VUELTA DE PUNTO DERECHO:** Con la punta de la aguja de la mano izquierda insertada del frente hacia atrás, sube el trozo de estambre que se encuentra entre los puntos de tu aguja de la izquierda y tu aguja de la derecha.

**2 EN UNA VUELTA DE PUNTO DERECHO:** Teje por la parte de atrás del trozo de estambre levantado. Esto evita que se forme un hoyo en el tejido. El punto nuevo acaba en la aguja de la mano derecha.

**3 EN UNA VUELTA DE PUNTO REVÉS:** Con la punta de la aguja de la mano izquierda insertada del frente hacia atrás, eleva el trozo de estambre que se encuentra entre tu aguja de la mano izquierda y tu aguja de la mano derecha.

**4 EN UNA VUELTA DE PUNTO REVÉS:** Haz punto revés por la parte de atrás del trozo de estambre elevado. Esto evita que se forme un hoyo en el tejido. El punto nuevo acaba en la aguja de la mano derecha.

## Aumento elevado (1 derecho hacia arriba o 1 revés hacia arriba)

Este método es para hacer a aumentos por pares, como al dar forma a mangas ranglan. Puede apretar el tejido, así que deberías trabajar con menor tensión.

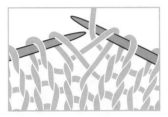   

**1 A LA MANERA DE UN PUNTO DERECHO:** Inserta tu aguja de la mano derecha del frente hacia atrás llevándola a la parte superior del punto que está debajo del siguiente punto que vas a tejer. Téjelo en la forma usual y crea un punto nuevo.

**2 A LA MANERA DE UN PUNTO DERECHO:** Luego teje el siguiente punto derecho en la aguja de la mano izquierda.

**3 A LA MANERA DE UN PUNTO REVÉS:** Inserta tu aguja de la mano derecha de atrás hacia delante en la parte superior del punto que está debajo del siguiente punto que debes tejer con revés. Haz el punto revés en la forma usual y crea un nuevo punto.

**4 A LA MANERA DE UN PUNTO REVÉS:** Luego teje el siguiente punto revés en la aguja de la mano izquierda.

## Aumento decorativo (estambre por delante, hacer lazada)

Se usa en encajes y otros tipos de trabajo decorativo; este método (que también se conoce como "hacer lazada") forma un patrón abierto, que también puede usarse para hacer ojales.

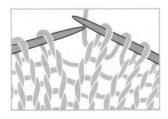  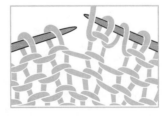 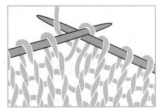

**1 A LA MANERA DE UN PUNTO DERECHO (estambre por delante / hacer lazada):** Mueve el estambre hacia delante y lázalo sobre la aguja de la mano derecha. Haz el siguiente punto derecho y termina la vuelta.

**2 A LA MANERA DE UN PUNTO DERECHO (estambre por delante / hacer lazada):** En la siguiente vuelta, haz revés, haz derecho o lleva el estambre sobre el lazo en la forma usual. Trabaja el patrón hasta el final de la vuelta.

**3 A LA MANERA DE UN PUNTO REVÉS (hacer lazada):** Regresa el estambre por encima de la aguja de la mano derecha y luego por abajo, hacia el frente de tu labor. Haz el siguiente revés y termina la vuelta.

**4 A LA MANERA DE UN PUNTO REVÉS (hacer lazada):** En la siguiente vuelta, haz derecho o revés llevando el estambre por encima del lazo en la forma usual. Trabaja el patrón hasta el final de la vuelta.

# DISMINUIR

El disminuir, al igual que el aumentar, son necesarios para dar forma a la prenda que estás tejiendo. Las disminuciones siempre son visibles y te darás cuenta de que los puntos se inclinan hacia la derecha o hacia la izquierda. Es importante trabajarlos en pares para que tu tejido se vea equilibrado, por ejemplo al hacer un cuello en V. Juntar puntos es la forma más simple de disminuir (reducir).

## Tejer dos puntos juntos (2 puntos de derecho juntos o 2 puntos de revés juntos)

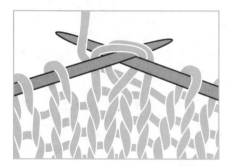

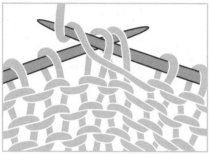

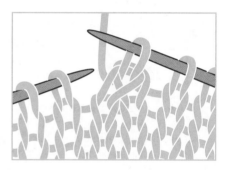

**1** A LA MANERA DE UN PUNTO DERECHO: Inserta tu aguja de la mano derecha por el frente de los primeros dos puntos en la aguja de la mano izquierda. Téjelos juntos como si fueran un solo punto de derecho.

**2** A LA MANERA DE UN PUNTO REVÉS: Inserta tu aguja de la mano derecha por el frente de los primeros dos puntos en la aguja de la mano izquierda. Téjelos juntos como si fueran un solo punto de revés.

**3** La disminución se inclina hacia la derecha si tejes los puntos juntos al frente de los lazos; y se inclina hacia la izquierda si los tejes juntos por la parte de atrás.

## Punto de escama

*Ver la fotografía 4 en la contraportada*

Este interesante punto de bella textura es adecuado para las personas de nivel medio en el tejido. Tiene un patrón adecuado para suéteres y chaquetas (cárdigan); los puntos de derecho en ambos extremos de cada vuelta crean un borde adecuado para unir las piezas (pág. 168).

Múltiple de 4 puntos más 2
**Primera vuelta:** (LADO DERECHO) punto derecho hasta el final.
**Segunda vuelta:** 1 punto derecho, *hacer lazada, 2 puntos de revés sobre 2 puntos y fuera de la aguja, 2 puntos revés; repetir desde * hasta el último punto, 1 punto de derecho.
**Tercera vuelta:** igual que la primera vuelta.
**Cuarta vuelta:** 1 punto derecho, *dos puntos de revés, hacer lazada sobre 2 puntos de revés y fuera de la aguja; repetir desde * hasta el último punto; 1 punto de derecho.

Repetir las vueltas de la 1 a la 4 para dar forma al patrón.

Los contrastes son importantes para las personas que tejen y que tienen problemas de la vista. Usa agujas de color claro cuando trabajes con estambre de color oscuro y viceversa. También es útil tener en tu regazo tela de color claro cuando estás tejiendo.

El método de dejar un punto sin tejer se ve más suelto que el de tejer puntos juntos y produce un efecto más decorativo.

## Punto sin tejer en una vuelta de punto derecho (deslizar 1 punto, tejer 1 punto derecho, pasar el punto deslizado por encima del punto tejido)

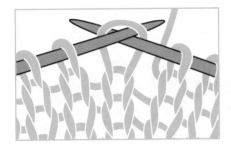 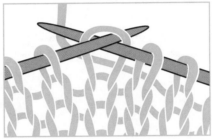 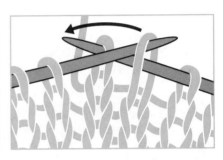

**1** Inserta tu aguja de la mano derecha, a la manera de un punto derecho, en el primer punto de la aguja de la mano izquierda y transfiérelo de la izquierda a la derecha sin trabajar el estambre.

**2** Teje el siguiente punto derecho en tu aguja de la mano izquierda en la forma usual.

**3** Desliza la punta de la aguja de la mano izquierda al interior del punto que deslizaste a la derecha y levántalo sobre el punto derecho que acabas de tejer.

## Punto sin tejer en una vuelta de punto revés (deslizar 1 punto, tejer 1 punto revés, pasar el punto deslizado por encima del punto tejido)

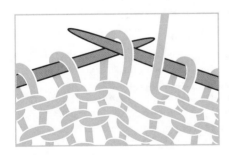 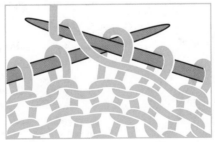 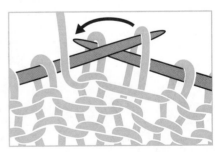

**1** Inserta tu aguja de la mano derecha, a la manera de un punto revés, en el primer punto de la aguja de la mano izquierda y transfiérelo de la izquierda a la derecha sin trabajar el estambre.

**2** Teje el siguiente punto revés en tu aguja de la mano izquierda en la forma usual.

**3** Desliza la punta de la aguja de la mano izquierda al interior del punto que deslizaste a la derecha y levántalo sobre el punto revés que acabas de tejer.

# TEJER EN REDONDO

Tejer en redondo es trabajar el estambre en una espiral continua; por lo tanto, no tienes que hacer costuras. Otra ventaja es que el lado derecho del patrón siempre va hacia fuera, lo que hace que sea fácil seguirlo. El método de tejer en redondo, sin embargo, incluye ciertos pasos que se oponen al procedimiento "normal", pero las personas que tejen se adaptan a ellos en poco tiempo. Por ejemplo, para producir en punto bobo, tejes puntos de derecho en todas las vueltas, y el punto jersey se hace tejiendo puntos de derecho y de revés en forma alterna.

## Tejer con aguja circular

Una aguja circular sostiene muchos más puntos que una aguja recta ordinaria, lo que hace que sea ideal para tejer prendas grandes como suéteres y faldas.

Trabaja como si cada punta fuera una aguja separada. Coloca un marcador de color entre los primeros puntos y los últimos puntos que montes, y *lo más importante* es corregir todos los puntos torcidos, girando el borde ya montado hacia el centro. Al tejer el primer punto de la rueda, jala el estambre con firmeza para evitar orificios. Lleva la cuenta moviendo tu marcador en cada vuelta.

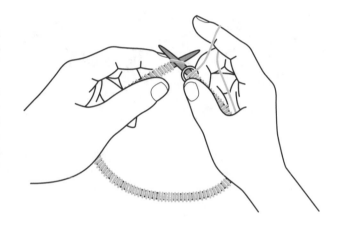

## Tejer con tres o más agujas

Las labores más pequeñas como calcetines o guantes, se tejen con juegos de agujas de dos puntas. Son excelentes para labores complejas como los patrones tradicionales Fair Isle [nombre de una pequeña isla al norte de Escocia], los cuellos y los dedos de los guantes.

Monta y divide los puntos por igual en las agujas, dejando una libre como aguja de trabajo. Coloca un marcador de color entre el primero y el último punto que montaste. Teje una vuelta asegurándote de que el primer punto que tejas esté cerca de la última aguja y de que no se formen huecos. Sigue así, utilizando las agujas vacías por turnos para tejer. Sostén las dos agujas de trabajo y permite que la(s) otra(s) cuelgue(n) hacia atrás.

# OJALES

El tipo de ojal que elijas depende de la prenda que estés tejiendo. Un ojal sencillo es normalmente lo primero que uno intenta hacer, y con mayor frecuencia se usan para ropa de bebé o como ranuras a través de las cuales pasar listones. También son adecuados para ropa de adultos que tenga botones chicos. Haz los ojales a una distancia de al menos dos puntos de la orilla. (En la pág. 182 se explica cómo se cose una presilla para asegurar un botón en una prenda de ropa o en una bolsa.)

Compra los botones antes de empezar para que sepas de qué tamaño debes hacer los ojales. Evita elegir botones con bordes burdos o filosos, podrían deshilachar y desgastar el estambre muy rápido.

## Ojal sencillo o de lazada

El ojal es más grande si usas estambre más grueso.

 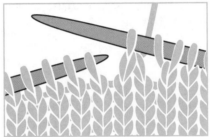 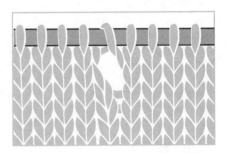

**1** Trabaja hasta el punto donde quieras hacer el ojal, coloca el estambre al frente y luego hacia atrás para tejer dos puntos juntos (tejer dos puntos derechos puntos).

**2** El número general de puntos sigue siendo el mismo.

**3** Teje la siguiente vuelta como una vuelta normal del patrón, pasando el estambre como en un punto ordinario. El ojal está completo.

## Ojal abierto (de puntada deslizada)

Esta opción es mejor para entrelazar listones.

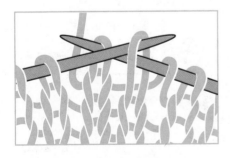 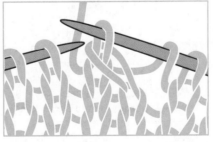 

**1** Trabaja hasta el punto donde quieras poner el ojal, luego haz una lazada y desliza el siguiente punto, a la manera de un punto derecho en tu aguja de la mano derecha. Teje un punto derecho.

**2** Con la punta de tu aguja de la mano izquierda, levanta y pasa el punto sobre el punto que acabas de tejer (pasar un punto deslizado por encima de un punto ya tejido).

**3** Teje la siguiente vuelta normalmente según el patrón, tratando la lazada como un punto ordinario. El ojal está completo.

# TOQUE FINAL

## Sujetar con alfileres y planchar la prenda tejida

Antes de unir una prenda tejida con agujas o con gancho, las piezas deben sujetarse con alfileres en forma separada y plancharse al vapor. Sin embargo algunas fibras se arruinan al contacto con la plancha, así que debes consultar las instrucciones en la banda de la bola de estambre para ver lo que se recomienda. Algunas personas sólo sostienen la plancha sobre la tela húmeda, bastante cerca para crear un vapor sin colocar la plancha sobre la tela en absoluto.

Forma una superficie acolchada sobre la cual planchar, doblando unas toallas, colocándolas sobre una mesa y cubriéndolas con una tersa sábana de algodón. Debe ser suficientemente grande para poder colocar sobre ella la pieza tejida más grande.

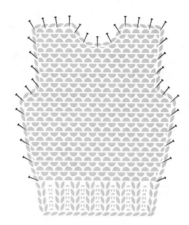

**1** Coloca la prenda por el revés sobre la superficie acolchada y sin estirarla demasiado, clava alfileres para sujetarla a la superficie acolchada; usa muchos alfileres largos que no se oxiden.

**2** Prepara la plancha siguiendo las instrucciones de la banda de la bola de estambre, coloca una tela de algodón limpia y húmeda sobre la prenda y luego presiónala brevemente y con suavidad. Mueve la plancha levantándola, no la deslices sobre la superficie.

Retira la tela y los alfileres cuando el vapor se haya desvanecido. Dale forma a la prenda si es necesario y luego permite que se seque por completo.

## Costuras

Usando el mismo estambre con el que tejiste, cose las piezas uniéndolas; usa una aguja para estambres de punta roma. Hay dos tipos principales de costuras:

### ORDEN EN QUE SE DEBE COSER UNA PRENDA

Siempre sujeta con alfileres o hilvana en este orden:

1 Costuras de los hombros
2 Colocar la parte superior de las mangas en las sisas
3 Las costuras de los lados y las mangas se hacen al mismo tiempo
4 Cuello
5 Bandas de los botones
6 Bolsas
7 Dobladillos y pretinas

Sigue las instrucciones que acompañan al patrón

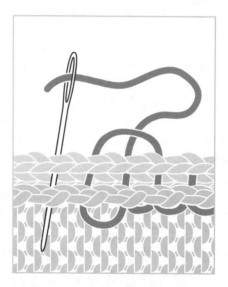

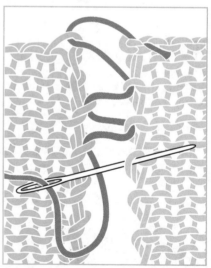

**1 PUNTO ATRÁS:** Sujeta con alfileres los bordes según corresponda; las vueltas del tejido deben quedar niveladas y parejas. Cose de derecha a izquierda, a una distancia aproximada de 6 mm del borde. Da una puntada al frente y luego hacia atrás, volviendo a sacar la aguja a la distancia de una puntada hacia el frente de la primera. Una costura firme forma un borde en el revés de la prenda.

**2 PUNTO ESCALERA:** Se colocan los bordes frente a frente, al derecho del tejido; las vueltas deben nivelarse perfectamente y deben corresponder. Haz puntadas alternas en cada punto del borde. La costura es casi invisible si se hace bien; esta puntada es ideal para estambres ligeros.

# DECORAR: CON PUNTO DE CRUZ

El punto de cruz que se borda sobre un tejido debe hacerse con la misma tensión que tiene el tejido de modo que la prenda no pierda su forma. Para evitar que el estambre se rompa, debes usar una aguja de punta roma como las que se usan para tapicería o para bordar lona. Debe tener un ojo suficientemente grande para que pase el estambre. Puedes bordar motivos sencillos o letras en punto de cruz; abajo se encuentra un alfabeto que puedes usar como guía. Cada cuadro de la tabla representa un punto de cruz.

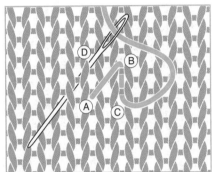

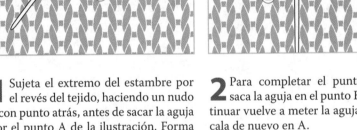

Para bordar hileras de punto de cruz más largas con mayor rapidez, puedes trabajar de extremo a extremo formando primero líneas diagonales y luego formar las cruces de regreso.

**1** Sujeta el extremo del estambre por el revés del tejido, haciendo un nudo o con punto atrás, antes de sacar la aguja por el punto A de la ilustración. Forma una diagonal de la A a la B. Saca la aguja en el punto C y vuelve a meterla en el punto D.

**2** Para completar el punto de cruz, saca la aguja en el punto E. Para continuar vuelve a meter la aguja en D y sácala de nuevo en A.

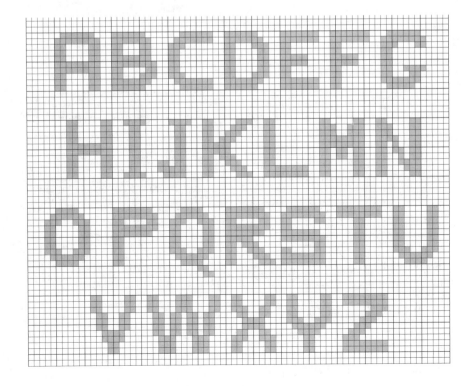

# DECORAR: CON COSTURA ESTILO SUIZO

Esta forma de bordado imita el tejido sobre el cual se hace y debería trabajarse con la misma tensión. Se hace rápido y produce un diseño elevado porque forma un tejido doble. Puedes usarlo para formar diseños individuales o para añadir líneas o letras; incluso puedes usarlo para reforzar ciertas áreas de la prenda, como las de los codos o las rodillas. Para evitar que se rompa el estambre del tejido, usa una aguja de punta roma, como las que se usan para tapicería o para bordar lona; debe tener un ojo suficientemente grande para que entre el estambre.

## Para trabajar en sentido horizontal

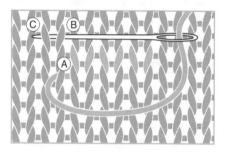 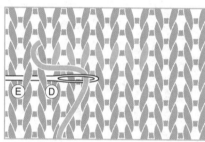

**1** Sujeta el extremo del estambre por el revés del tejido con un nudo o con punto atrás, antes de sacar la aguja por el punto A, mete la aguja en B, bajo la base del punto de arriba y sácala en C.

**2** Mete la aguja en D y sácala en E; ahora está lista para la siguiente puntada.

## Para trabajar en sentido vertical

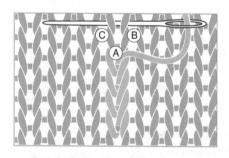 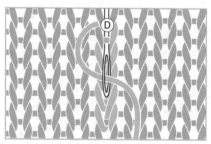

**1** Sujeta el extremo del estambre por el revés del tejido con un nudo o con punto atrás, antes de sacar la aguja por el punto A, mete la aguja en B, bajo la base del punto de arriba y sácala en C.

**2** Toma la aguja bajo la parte superior del punto de abajo y sácala en D, lista para la siguiente puntada.

## CÓMO ADORNAR CON CUENTAS Y LENTEJUELAS

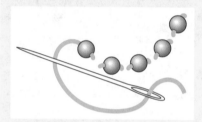

Sujeta el estambre por la parte de atrás del tejido. Sácalo por el lado derecho y ensarta una cuenta. Vuelve a meter la aguja en el mismo lugar, o cerca del mismo lugar. Avanza con una puntada por el revés y sácalo de nuevo para que esté listo para la siguiente cuenta.

Usa un hilo que concuerde con el tejido y sujétalo por el revés. Sostén la lentejuela sobre el tejido, por el derecho, y saca la aguja por el centro. Haz un punto atrás hacia el borde derecho de la lentejuela, sácala por el borde del lado izquierdo y haz un punto atrás, metiendo la aguja por el centro. Repite el procedimiento con la siguiente lentejuela. No deben ponerse lentejuelas en prendas para niños menores de tres años.

# DECORAR: CON BORLAS Y FLEQUILLOS

Es fácil hacer borlas con estambre que concuerde con el color de la prenda tejida con agujas o con gancho, o con un color que marque un contraste. Necesitarás una tarjeta rectangular que mida más o menos un centímetro más que el tamaño que quieres para la borla.

## Borlas

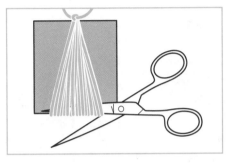

**1** Envuelve el estambre en la tarjeta. Pasa un trozo de estambre de 30 cm bajo la parte superior de los lazos.

**2** Amarra con fuerza el estambre en la parte superior; los extremos pueden anudarse o sujetarse con un gancho de tejer, más tarde, o pueden colocarse hacia arriba para coserlos. Corta todos los extremos de la borla en la parte inferior.

**3** Toma otro trozo de estambre y amárralo con fuerza alrededor de los estambres sueltos para formar la cabeza de la borla. Termina con un nudo seguro. Enhebra los extremos un una aguja para estambre y trabájalos hacia el interior del centro de la borla antes de emparejarla con unas tijeras.

## Flequillos con nudos

Envuelve el estambre en la tarjeta como para hacer borlas, luego corta la orilla para hacer las puntas del flequillo. Agrúpalas formando tantos nudos como necesites.

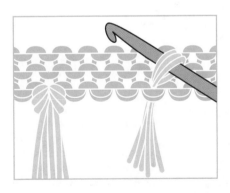
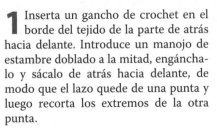

**1** Inserta un gancho de crochet en el borde del tejido de la parte de atrás hacia delante. Introduce un manojo de estambre doblado a la mitad, engánchalo y sácalo de atrás hacia delante, de modo que el lazo quede de una punta y luego recorta los extremos de la otra punta.

**2** Con el gancho o con los dedos, pasa los extremos recortados por el lazo.

**3** Jala suavemente pero con firmeza, para formar un nudo bien hecho en el borde de la tela. Repite a intervalos regulares. Recorta los extremos para emparejarlos si es necesario.

# DECORAR: CON POMPONES

Los pompones dan un toque alegre a la ropa de invierno, en especial a los gorros y las bufandas. Podrías comprar una base de plástico para hacer pompones, pero este método recicla la tarjeta que usaste para hacer borlas y las cantidades sobrantes de estambre, sin costo alguno.

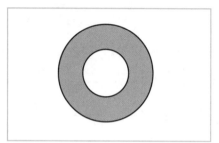

**1** Corta dos círculos iguales de cartón (puede ser de una caja de cereal o de una tarjeta postal vieja), al tamaño que deseas para los pompones. Corta un hueco exactamente en el centro de cada círculo; debe medir aproximadamente la tercera parte del diámetro del círculo exterior. Ten cuidado de cortar estos círculos con precisión, de lo contrario el pompón no será una esfera perfecta.

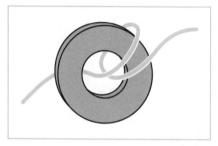

**2** Junta los círculos y empieza a enredar el estambre alrededor, pasándolo por el círculo del centro. Sigue hasta cubrir los anillos en forma pareja; si no te alcanza el estambre, simplemente empieza a enredar otro trozo. Los pompones multicolores son una forma excelente de usar muchos trocitos de estambre sobrante.

**3** Cuando el hoyo del centro se llene (usa unas tijeras de punta roma para estambre cuando se apriete demasiado) toma tus tijeras y corta el estambre que da hacia el exterior hasta que puedes introducir la punta de las tijeras entre las dos piezas del círculo de cartón. Corta todo el estambre alrededor del borde.

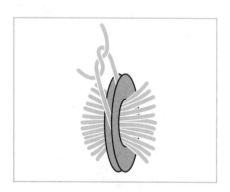

**4** Toma un trozo de estambre de 30 a 45 cm de largo y deslízalo entre los círculos de cartón. Átalo apretándolo tanto como puedas alrededor del centro del pompón, envuélvelo dos veces, jala y vuelve a atarlo, pero no lo cortes. Luego retira el círculo de cartón a cada lado.

**5** Esponja el pompón y recorta las puntas para emparejarlo si es necesario. Los extremos largos de estambre pueden anudarse o sujetarse con un gancho de crochet a un gancho decorativo; o puedes cortar una hebra y coser el pompón directamente a la prenda.

# TERCERA PARTE

# MÉTODOS Y TÉCNICAS DE CROCHET

## CÓMO SOSTENER EL ESTAMBRE Y EL GANCHO

Hay dos formas de sostener un gancho de crochet. Las dos son buenas, así que elige la que más te acomode.

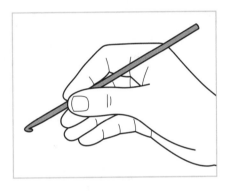

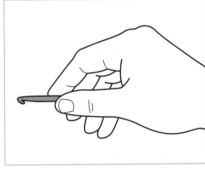

### La posición de lápiz

Sostén la parte plana del gancho entre el pulgar y el índice como si estuvieras escribiendo con un lápiz.

### La posición de cuchillo

Rodea el gancho con la mano con el pulgar en la parte plana y el índice presionando la parte superior como si estuvieras sosteniendo un cuchillo.

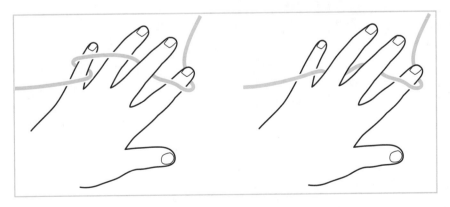

En crochet, el estambre con el que estás trabajando se manipula desde la mano que no está sosteniendo el gancho. Entrelazarlo en los dedos ayuda a controlar la tensión y permite que el estambre pase suavemente de la mano al gancho. No hay reglas fijas; usa el método que sea más cómodo para ti. Consulta la pág. 151 para ver cómo hacer una muestra para determinar la tensión.

# CADENAS DE BASE

Todo tejido en crochet empieza con una lazada en el gancho. Ésta es la lazada inicial para trabajar, y a diferencia del tejido con agujas, no se cuenta como un punto. A partir de esta lazada se forma la cadena de base sobre la que se forma la siguiente hilera (en el tejido recto) o el siguiente anillo (en el tejido circular o en espiral).

## Hilera de la cadena de base

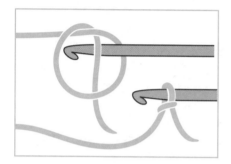 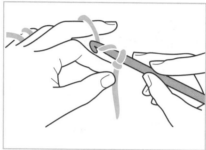 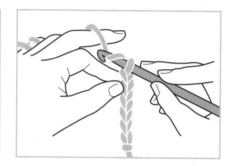

**1** Haz una lazada (bucle) con el extremo del estambre y apriétalo en el cuerpo (espinilla) del gancho. Deja un extremo suelto de 15 cm.

**2** Sosteniendo el gancho en la mano derecha, toma el nudo de la lazada (bucle) entre el pulgar y el índice (o el dedo de en medio, si lo prefieres) de la mano izquierda. Mueve el gancho hacia arriba y hacia abajo del estambre con que estás trabajando.

**3** Vuelve a pasar el gancho con el estambre por la lazada (bucle) para formar el primer punto de la cadena. Repite según se requiera, moviendo la mano izquierda hacia arriba para sostener el tejido con firmeza conforme avanzas.

## Anillo base

Lo que más se usa como base para un tejido redondo es el método del anillo cerrado, pero también puedes ver la pág. 184.

Haz una cadena de base corta como se indica arriba; por ejemplo, el patrón dice "7 puntos". Entonces, insertas el gancho en el primer punto de la cadena que hiciste. Trabaja el estambre alrededor del gancho y pasa la nueva lazada (bucle) de modo que se cierre el anillo con un punto bajo.

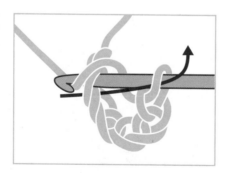

Trabajar en círculo significa que no giras el tejido entre las vueltas; el lado del derecho siempre está frente a ti. Dependiendo del patrón, podrías trabajar en espiral; si lo haces, necesitarás marcadores de colores para indicar tu progreso. O podrías tejer una serie de vueltas, uniéndolas con un punto slip, como se muestra arriba. En ese caso, antes de empezar con la segunda vuelta tendrás que hacer una corta cadena vertical para igualar la altura de los siguientes puntos.

# PUNTOS BÁSICOS

Antes de seguir adelante, deberíamos aprender los nombres de los puntos de crochet, en especial porque ahora podemos compartir patrones, nuevos y clásicos, por Internet.

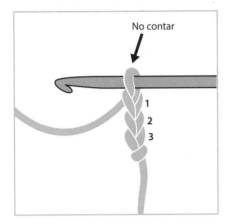

### Punto de cadeneta

Se usa con tanta frecuencia que es esencial saber cómo contar las cadenetas en forma adecuada. La lazada que queda en el gancho nunca se cuenta como punto. En este diagrama sólo hay tres cadenas, y si un patrón pide que tejas una segunda cadeneta con el gancho, puedes ver cómo contar para hacerlo.

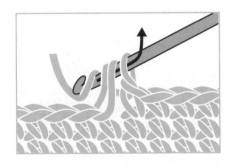

### Punto bajo

*A partir de este momento verás que la clave de todos los diferentes puntos de crochet es el número de veces que se envuelve el estambre alrededor del gancho.*

Inserta el gancho en el siguiente punto. Rodea el gancho con el estambre y saca la nueva lazada. Una lazada permanece en el gancho. Este sencillo punto añade un poco de altura al tejido y muy a menudo se usa para unir las vueltas (ver ilustración).

## Punto alto

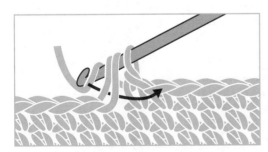

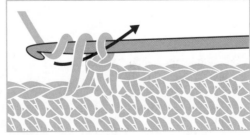

**1** Inserta el gancho en el siguiente punto. Rodea el gancho con el estambre y saca la nueva lazada; ahora hay dos lazadas en tu gancho.

**2** Rodea el gancho con el estambre de nuevo y pasa el estambre a través de ambas lazadas. Una lazada permanece en el gancho.

## Medio punto alto

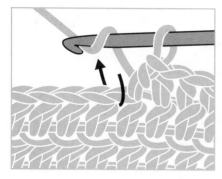 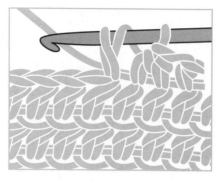 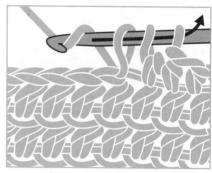

**1** Rodea el gancho con el estambre e inserta el gancho en el primer punto.

**2** Rodea el gancho con el estambre y saca la nueva lazada a través de él. Ahora hay tres puntos en tu gancho.

**3** Rodea el gancho con el estambre de nuevo y saca el estambre a través de las tres lazadas. Una lazada permanece en el gancho.

Este punto es un poco más corto que el punto alto doble y es más alto que el punto alto.

## Punto alto doble

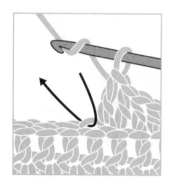 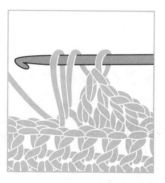 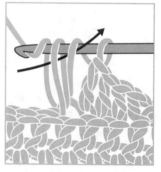 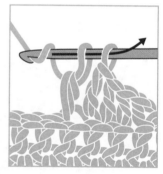

**1** Rodea el gancho con el estambre e inserta el gancho en el siguiente punto.

**2** Rodea el gancho con el estambre de nuevo y saca la nueva lazada a través de él. Ahora hay tres lazadas en el gancho.

**3** Rodea el gancho con el estambre de nuevo y jala el estambre a través de las dos primeras lazadas. Dos lazadas permanecen en el gancho.

**4** Rodea el gancho con el estambre y jala el estambre a través de las últimas dos lazadas. Una lazada permanece en el gancho.

El punto alto doble es de dos veces el tamaño del punto alto. Es uno de los más utilizados para hacer "cuadros de la abuela" (ver págs. 184-186).

# Punto alto triple

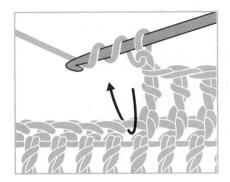

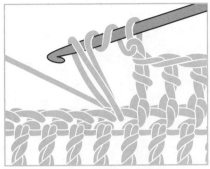

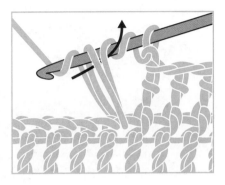

**1** Rodea el gancho con el estambre dos veces e inserta el gancho en el siguiente punto.

**2** Rodea el gancho con el estambre de nuevo y saca el estambre a través del punto. Ahora hay cuatro lazadas en tu gancho.

**3** Rodea el gancho con el estambre y jala el estambre a través de las dos primeras lazadas. Tres lazadas permanecen en el gancho.

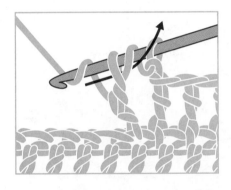

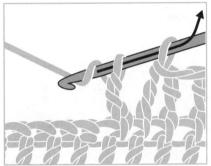

El punto alto triple es más alto que el punto alto doble. Éste es otro de los puntos que se utilizan para hacer los "cuadros de la abuela" (ver págs. 184-186).

**4** Rodea el gancho con el estambre y jala el estambre a través de las dos lazadas siguientes. Dos lazadas permanecen en el gancho.

**5** Rodea el gancho con el estambre y jala el estambre a través de las últimas dos lazadas. Una lazada permanece en el gancho.

# Punto triple-doble

Trabaja como en el punto alto triple, pero rodea el gancho con el estambre tres veces para que haya cinco lazadas juntas en el gancho. Luego ve sacando las lazadas por pares, como en el punto alto triple.

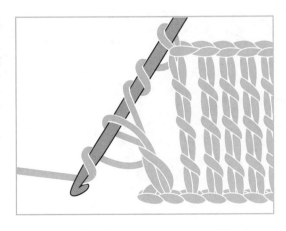

# VARIACIONES BÁSICAS DE LOS PUNTOS

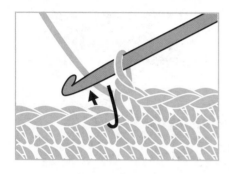

Como regla general, una vez que has trabajado sobre la cadena de base y estás en el patrón de los puntos, siempre debes insertar el ganchillo de crochet debajo de ambas lazadas del punto de la vuelta anterior, a menos que las instrucciones digan otra cosa.

**Las lazadas de arriba también ofrecen la manera más fácil de contar los puntos.**

Al insertar el ganchillo de crochet en diferentes formas, es posible producir una amplia gama de efectos en la textura del tejido a partir de los puntos básicos. La variación más sencilla es introducir el ganchillo al frente o detrás de la lazada superior, como se muestra en las dos ilustraciones de la derecha. Luego intenta trabajar con las lazadas de atrás y del frente en forma alterna, dentro de la misma vuelta.

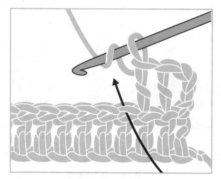

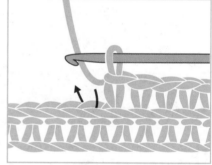

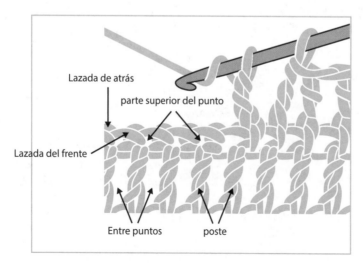

Lazada de atrás

parte superior del punto

Lazada del frente

Entre puntos          poste

Otras variaciones incluyen trabajar entre puntos y alrededor de los "postes" de los puntos; las posibilidades son virtualmente infinitas. El diagrama de la izquierda identifica las diferentes partes de los puntos de crochet. Para hacerlo con claridad, usamos el punto alto triple, aunque los puntos se aplican a todos los puntos de crochet.

# CADENA DE GIRO

Al principio de cada vuelta y ronda. Se requieren varias cadenas de giro para elevar el ganchillo hacia la altura del punto que se va a trabajar. Las instrucciones podrían decir: "Cadena 2. Giro" al final de la vuelta anterior; o giro al final de la vuelta anterior y cadena 2 al principio de la siguiente. Significan lo mismo y de todos modos las cadenas formarán el borde del tejido.

## TABLA DE CADENAS DE GIRO

| PUNTO (en el Reino Unido) | PUNTO (En Estados Unidos) | NÚMERO DE CADENAS |
|---|---|---|
| Double crochet | Single | 1 o 2 cadenas para la vuelta |
| Half treble | Half double | 2 cadenas para la vuelta |
| Treble | Double | 3 cadenas para la vuelta |
| Double treble | Triple | 4 cadenas para la vuelta |
| Triple treble | Double triple | 5 cadenas para la vuelta |

Las cadenas de giro cuentan como el primer punto en cada vuelta. Para compensar, el primer punto del patrón en sí debe trabajarse en la parte superior del segundo punto de la vuelta anterior. Si no te saltas el primer punto después de la cadena de giro, estarás aumentando un punto (pág. 180). Los patrones impresos incluyen instrucciones completas.

# CÓMO AÑADIR ESTAMBRE SIN HACER NUDOS

Ésta es la forma de añadir más estambre o estambre de otro color al principio de una vuelta cuando quieras hacer franjas horizontales.

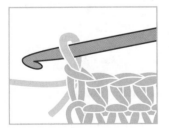

Trabaja el estambre nuevo con el estambre que ya estabas trabajando antes de completar el último punto de la vuelta anterior. Luego suelta el punto anterior para que puedas trabajar la cadena de giro con el nuevo color. Mantén el estambre con el que estabas trabajando por el revés del tejido y asegúrate de que tenga un extremo suelto suficientemente largo para entretejerlo.

# AUMENTAR

Al tejer una prenda, necesitas dar forma al tejido y esto significa que debes aumentar puntos. La naturaleza decorativa del crochet también incluye el hecho de aumentar y disminuir puntos al crear patrones y texturas. Los patrones impresos contienen las instrucciones necesarias.

La forma más simple de aumentar puntos en crochet es trabajar dos (o más) puntos en el mismo punto; esto puede notarse menos en medio de una vuelta que en sus extremos. Si se requiere más de un aumento en cada vuelta, normalmente se agregan a lo largo de la vuelta a intervalos regulares. Este ejemplo usa el punto de punto alto doble trabajado en una cadena de base.

## Trabajar dos veces en el mismo punto

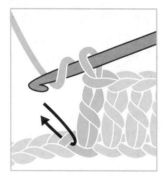

Si el patrón te pide hacer un aumento mayor, añade puntos en el mismo punto. Es importante contar bien el número de puntos al final de la vuelta.

**1** Trabaja hasta el punto en el que quieres hacer el aumento y haz tu primer punto a través de la lazada superior (o lazadas superiores) del punto de abajo.

**2** Trabaja otro punto en la misma lazada (o lazadas). Ahora ya has aumentado un punto en esa vuelta.

## Otros tres métodos para aumentar

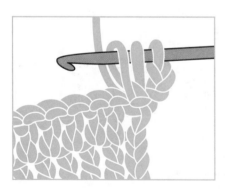

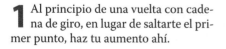

**1** Al principio de una vuelta con cadena de giro, en lugar de saltarte el primer punto, haz tu aumento ahí.

**2** Al final de una vuelta, trabaja en el patrón hasta los últimos dos puntos. Trabaja dos veces el siguiente punto, luego trabaja el último punto como de costumbre hacia la parte superior de la cadena de giro de la vuelta anterior.

**3** Para aumentar varios puntos al principio de una vuelta (por ejemplo 6), haz una cadena con un punto menos (es decir, 5), y una cadena de giro (por ejemplo 3 para un triple crochet), es decir, un total de 8. Sáltate 3 cadenas y trabaja un triple en cada una de las 5 cadenas nuevas restantes, lo que da un aumento de 6 puntos, *incluyendo la cadena de giro.*

# DISMINUIR

Así como es necesario aumentar puntos para dar forma a tu tejido, también es necesario disminuir. El método más sencillo es saltarte uno o más puntos, pero esto podría dejar hoyos que podrían notarse. A menos que quieras un efecto ojal, lo mejor es disminuir tejiendo los puntos juntos.

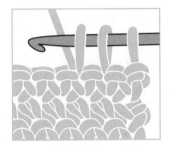 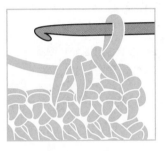 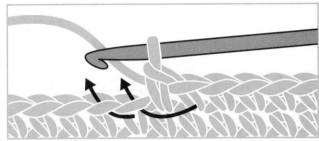

**1** Trabaja hasta el punto en que quieres disminuir e inserta el gancho en el siguiente punto, rodea el gancho con el estambre y haz la lazada. Repite en el siguiente punto. Ahora hay tres lazadas en el gancho.

**2** Rodea el gancho con el estambre y haz una lazada a través de las tres lazadas. Hay un punto menos.

**3** **PARA TENER UNA "DISMINUCIÓN INVISIBLE":** Inserta el gancho sólo en las lazadas del frente de los dos puntos siguientes. Rodea el gancho con el estambre y saca la lazada a través de ambas lazadas del frente. Rodea el gancho con el estambre y saca la lazada a través de las lazadas que están en el gancho.

# FORMAS GEOMÉTRICAS

Las formas geométricas pueden tejerse aumentando y disminuyendo los puntos básicos en diversas formas.

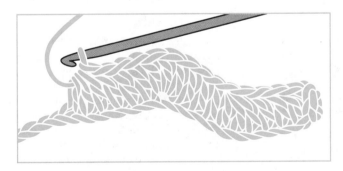 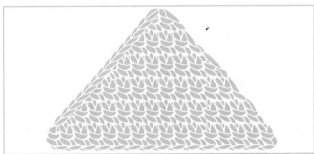

El chevrón (zigzags, ondas u olas) se crea aumentando y disminuyendo el mismo punto en forma alterna en el mismo lugar en cada vuelta. Este patrón de tejido es ideal para bufandas y mantas. *Ver la fotografía 5 en la contraportada.*

Los triángulos simples se forman trabajando una cadena de base y haciendo disminuciones al final de cada vuelta, además de una disminución al principio de cada tercera vuelta.

# PARA ABROCHAR

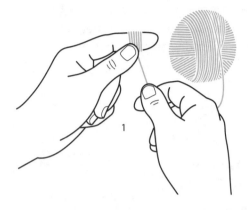

## Cómo hacer botones de estambre

Puedes tejer botones con ajugas o con gancho, pero este método es todavía más simple. Envuelve estambre en tu dedo dando seis vueltas. Desliza las lazadas para sacarlas de tu dedo y amarra un trozo de estambre en la parte media antes de doblarlas a la mitad y envolver más estambre para formar una bolita firme. Corta el estambre formando un extremo libre de 40 cm. Enhébralo en una aguja para estambre y pásalo a través de la bolita varias veces para darle firmeza. Usa el resto del estambre para coser el botón a la prenda.

## Cómo hacer un ojal con crochet

Forma el ojal a una distancia de tres o cuatro puntos del borde del tejido; lo ideal es hacerlo en dos vueltas de punto alto para darle estabilidad. Haz dos cadenas o más para el hueco, que tendría que extenderse ligeramente sobre el botón. Sáltate el mismo número de puntos en la vuelta de abajo. Vuelve a insertar tu gancho y sigue trabajando. Regresa al patrón en la siguiente vuelta.

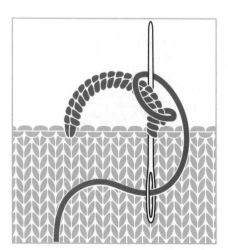
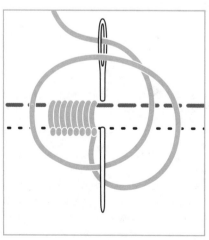

## Cómo coser un ojal de presilla

Los ojales de presilla son una buena alternativa para abrochar botones en la ropa y en las bolsas. Cóselos en el borde, en un lado de la prenda, alineándolos con un botón en el otro borde. Enhebra una aguja para estambre y fija el extremo del estambre con firmeza en un punto cosiéndolo una o dos veces; verifica que el tamaño del ojal corresponda con el botón, luego pásalo al segundo punto en el que vas a fijarlo. Sigue haciendo lazadas y fijando el estambre dos o tres veces, antes de usar puntadas en la presilla para que las hebras se mantengan juntas.

# BORDES

Los bordes le dan a tu tejido en crochet un buen acabado y combinan bien con el tejido. Puedes trabajarlos directamente en el tejido o formando una banda separada que después se cosen al tejido. Para que el borde sea firme, usa un gancho más pequeño que el que usas en la prenda principal.

## Borde de punto alto

Un borde básico retoca, fortalece y cubre extremos sueltos de estambre. Forma una buena base para otros bordes más decorativos. También puede trabajarse con una cadena de presillas a intervalos.

## Borde tipo Picot (piquito cerrado)

Un borde sencillo que se une al tejido, es suficientemente pequeño para usarse en ropa de bebé.

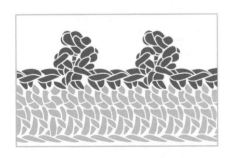

Este ejemplo de triple picot se trabaja sobre una vuelta de base en punto bajo, como sigue: *5 puntos bajos (cadena 3, deslizar [pasar punto sin tejer] en la tercera cadena desde el gancho) 3 veces, luego pasar punto sin tejer hacia la parte superior del último punto bajo que se hizo; repetir desde el * hasta el final.

## PROYECTO: CHAL DE CROCHET

### Patrón de conchas en diagonal
*Ver la fotografía 6 en la contraportada*

Múltiple de 5 puntos más 2

Para un chal grande de aproximadamente 90 cm de ancho, usando un gancho de 6.0 mm y estambre doble de tres hilos, haz una cadena de 142.

Para un chal más chico, de aproximadamente 70 cm, usar el mismo gancho y el mismo estambre, haciendo una cadena de 112.

**Primera ronda:** (lado derecho del tejido) en la tercera cadena del gancho, *saltarse 3 cadenas, 1 punto alto, cadena 3, 3 punto alto doble en la siguiente cadena; repetir desde * hasta 4 últimas cadenas, saltarse 3 cadenas, 1 punto alto en cadena final, voltear.
**Segunda ronda:** Cadena 3, 3 punto alto doble en la 3ª cadena desde el gancho, *saltarse 3 punto alto doble (1 punto alto, cadena 3, 3 punto alto doble en espacio de 3 cadenas; repetir desde * hasta los 3 punto alto doble, saltar 2 punto alto doble, 1 punto alto en el punto alto doble final, voltear.

La ronda 2 forma el patrón. Repetir la ronda 2 hasta que el tejido tenga el largo deseado.

Este patrón produce un borde decorativo.

*Las dimensiones del chal son aproximadas. Los resultados dependen de la tensión de los puntos y de cualquier variación en el tamaño del gancho o el grosor del estambre. Teje primero un cuadrado como muestra (pág. 151), basándote en una cadena de 27.*

## Borde de conchas
*Ver la fotografía 7 en la contraportada*

Éste es otro estilo popular que forma un borde más profundo. Ésta es una versión sencilla: Pasar un punto sin tejer hacia el primer punto, *saltar 2 puntos, 5 punto alto doble hacia el siguiente punto, saltar 2 puntos, pasar un punto sin tejer hacia el siguiente punto, repetir desde * hasta el final.

Tejer el crochet con hilos delgados y ganchos de acero es una forma de hacer encajes, y es una forma sorprendentemente rápida de crear adornos para la ropa y los artículos del hogar, como fundas para almohada y servilletas.

# CUADROS DE LA ABUELA (GRANNY SQUARES)

Parecen complicados pues se trabajan en muchos colores, pero los cuadros tradicionales no son difíciles y son una forma excelente de comenzar a usar el gancho en rondas. Producirlos es económico, pues se pueden usar trozos sobrantes de estambre. Pueden unirse para hacer tapetes, chales, cojines e incluso ropa.

Los puntos principales son punto alto doble, cadenas y puntos deslizados para unir las vueltas, pero es posible hacer muchos arreglos diferentes. Puedes crear tus propios arreglos después de adquirir un poco de práctica. Además, la estructura básica se extiende a triángulos, hexágonos y formas de flores. El cuadrado siempre empieza con un anillo base, normalmente una cadena base (pág. 174) pero hay otro tipo que puedes usar cuando tu diseño requiere un centro definido y cerrado

## Base de lazada de estambre

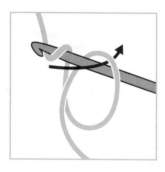  

**1** Haz una lazada como se muestra en la ilustración, dejando un extremo suelto de aproximadamente 10 cm.

**2** Trabaja la primera ronda con el patrón, usualmente con punto alto, a todo el derredor, *por encima de la lazada y del extremo suelto.*

**3** Jala el extremo suelto con firmeza para formar el círculo.

## Cómo empezar una ronda en un anillo de cadena de base

**1** Después de unir el anillo con un punto sin tejer (pasar un punto sin tejer), haz una cadena de giro suficientemente larga para que quepa tu primer punto del patrón.

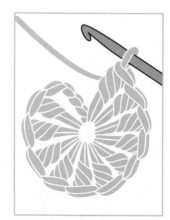

**2** Este ejemplo muestra 11 puntos de punto alto doble trabajados en el anillo de modo que los puntos de cadena queden completamente encerrados. Para cerrar la ronda, pasa un punto sin tejer en la parte superior de la cadena de giro. Siempre debes hacer la cadena de giro que se necesita antes de empezar la siguiente ronda.

## Un cuadrado de la abuela hecho en etapas

Aquí están los pasos para realizar un cuadro de la abuela en un sólo color

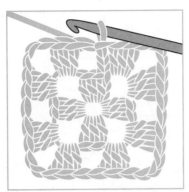

**3** El patrón se repite y en esa forma se desarrolla el efecto de cuadros. Este patrón se conoce como "red".

**1** Los puntos de alto triple crochet alrededor del anillo base se separan y se unen con cadenas. A menudo un grupo de tres puntos de punto alto triple crochet recibe el nombre de "racimo".

**2** En la segunda ronda, después de la cadena de giro que se requiere, se hacen puntos altos dobles sobre los vínculos de la cadena.

Los cuadros de la abuela se unen mejor si a cada uno se le hace un borde firme (pág. 183). Puedes unirlos, borde con borde, con costuras (pág. 168) o hacer una costura invisible plana, usando el gancho de crochet. Esto se hace por el revés del tejido trabajando con punto jersey en los bordes alternos.

# TOQUES FINALES

Si usaste estambre de diferentes colores, entreteje todas las puntas con cuidado.

Cuando una pieza está completa, corta el estambre, dejando un extremo suelto de 15 cm. Desliza la última lazada fuera del gancho, pasa el extremo del estambre a través y jálalo suavemente hasta que se cierre. Enhebra el extremo en una aguja de punta roma para estambre y entretéjelo en el borde a lo largo de aproximadamente 7 cm.

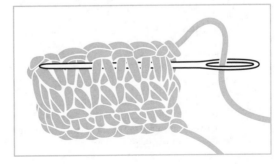

# PROYECTO: COJÍN CON CUADROS DE LA ABUELA

Usando el diseño de cuadros de la abuela de la página 185, puedes crear una funda para cojín con un encanto muy especial. Puedes elegir hacerlo con vibrantes colores primarios, en un solo color, o en blanco y negro.

Si quieres el aspecto tradicional, toma colores de todo el espectro y trabaja cada ronda de un color diferente. Si usas el negro en la ronda final, le dará el efecto de un vitral.

Los cuadros también pueden ser sutiles. Elige un tono claro y un tono oscuro del color dominante en tu habitación. Haz un borde pálido neutral alrededor de cada cuadro; este diseño es un buen complemento en una decoración contemporánea.

Para este proyecto, usa una almohadilla cuadrada, de 45 cm x 45 cm, y haz 16 cuadrados de la abuela para cubrir uno de sus lados. Cada cuadrado medirá 10 cm y tendrá 4 rondas trabajadas con un gancho de 4.50 mm y un estambre doble o equivalente.

Si cambias de color en cada ronda. Prepárate para tener varios extremos sueltos que deberás entretejer. (pág. 185). Si pules los bordes de cada cuadro según los vas haciendo, no tendrás mucho trabajo que hacer al final. También debes decidir si quieres darle a cada cuadro un borde con punto alto al terminar las cuatro rondas (pág. 183). Esto da al cuadro un margen fuerte y es útil cuando llega el momento de unir los cuadros.

Los cuadros no estarán unidos a la almohadilla en sí, sino a la cubierta, que puede hacerse fácilmente con una funda de almohada de tamaño normal. Córtala para que sea del tamaño deseado y termínala poniendo un zíper, un cierre de velcro o un doblez con botones.

## Cuadro de un solo color

Haz una cadena de base de 6 y cierra con pasando un punto si tejer (ver pág. 174)

**Ronda 1** (ver la pág. 184) la cadena 3 cuenta como el primer punto alto doble, 2 punto alto doble hacia el anillo, cadena 2 (3 punto alto doble hacia el anillo, cadena 2) tres veces. Unir pasando un punto sin tejer a la tercera de las tres primeras cadenas.

**Ronda 2:** Cadena 2 (3 punto alto doble, cadena 2, 3 punto alto doble) hacia las primeras 2 cadenas para formar una esquina,

*cadena 1, (3 punto alto doble, cadena 2, 3 punto alto doble) hacia las siguientes 2 cadenas; repetir desde * dos veces más. Unir pasando un punto sin tejer hacia la primera de las dos primeras cadenas.

**Ronda 3:** La cadena 3 cuenta como el primer 3 punto alto doble, 2 punto alto doble, hacia el primer espacio de cadena hacia la izquierda, pasar un punto sin tejer de la ronda anterior, cadena 1, *(3 punto alto doble, cadena 2, 3 punto alto doble hacia 2 espacios de cadena, cadena 1, 3 punto alto doble hacia 1 espacio de cadena, cadena 1; repetir desde* dos veces más, (3 punto alto doble, cadena 2, 3 punto alto doble) hacia los últimos 2 espacios de cadena, cadena 1. Unir pasando un punto sin tejer a la tercera de las primeras 2 cadenas.

**Ronda 4:** Cadena 2, 3 punto alto doble hacia la siguiente 1 espacio de cadena, cadena 1, *(3 punto alto doble, cadena 2, 3 punto alto doble) hacia 2 espacios de cadena, cadena 1, (3 punto alto doble hacia la siguiente 1 espacio de cadena, cadena 1) dos veces; repetir desde * dos veces más, (3 punto alto doble, cadena 2, 3 punto alto doble) hacia los últimos 2 espacios de cadena, cadena 1, 3 punto alto doble) hacia el último 1 espacio de cadena, unir pasando un punto sin tejer hacia la primera de las primeras 2 cadenas.

Corta el estambre, pasa el extremo por la lazada en el gancho y jálalo con firmeza para rematar.

## Cuadro multicolor

Haz una cadena de base y trabaja la Ronda 1 como en el cuadro de un solo color. Corta el estambre y remata.

**Ronda 2:** Une el estambre del nuevo color a cualquier 2 espacios de cadena, pasar un punto sin tejer, cadena 3 cuenta como el primer punto alto doble, 2 punto alto doble hacia el mismo espacio de cadena, *cadena 1, (cadena 2, 3 punto alto doble hacia siguientes 2 espacios de cadena para formar una esquina; repetir desde *dos veces más, cadena 1, 3 punto alto doble hacia los mismos 2 espacios de cadena como principio de ronda, ca-

dena 2, Unir pasando un punto sin tejer a la tercera de las primeras 3 cadenas, Corta el estambre y remata.

**Ronda 3:** Une el estambre del nuevo color a cualquier 2 espacios de cadena, pasar un punto sin tejer, cadena 3 cuenta como primer punto alto doble, 2 punto alto doble hacia los mismos 2 espacios de cadena, * cadena 1, 3 punto alto doble hacia siguiente espacio de cadena, cadena 1, (3 punto alto doble, cadena 2, 3 punto alto doble) hacia siguientes 2 espacios de cadena; repetir desde * dos veces más, ch 1, 3 punto alto doble hacia siguiente espacio de cadena, cadena 1, 3 punto alto doble hacia mismos 2 espacios de cadena como principio de ronda, cadena 2. Unir, pasar un punto sin tejer hacia la tercera de las primeras 3 cadenas. Corta el estambre y remata.

**Ronda 4:** Une el estambre del nuevo color a cualesquier 2 espacios de cadena, pasar un punto sin tejer, la cadena 3 cuenta como primer punto alto doble, 2 punto alto doble hacia los mismos 2 espacios de cadena, *(cadena 1, 3 punto alto doble hacia siguiente 1 espacio de cadena) dos veces, cadena 1, (3 punto alto doble, ch 2, 3 punto alto doble) hacia siguientes 2 espacios de cadena; repetir desde * dos veces más, (cadena 1, 3 punto alto doble hacia siguiente espacio de cadena) dos veces, cadena 1, 3 punto alto doble hacia mismos 2 espacios de cadena como principio de ronda, cadena 2. Unir, pasar un punto sin tejer a la tercera de las primeras 3 cadenas. Corta el estambre y remata.

Cuando todos los extremos estén entretejidos, añade un borde de punto alto (pág. 183) a cada cuadro o únelos directamente con punto escalera (pág. 168). Otra alternativa es unirlos con un gancho de crochet.

Finalmente, haz una bastilla alrededor de la base de la funda con hilo de coser.

Si quieres hacer cuadros más grandes, añade más rondas aumentando 3 puntos altos triples a lo largo de cada lado. Los resultados dependen de cualquier variación en el tamaño del gancho o en el estambre.

# CUIDADO POSTERIOR

## Enganchones

Si el tejido se atoró con algo como un clavo y se salió una lazada, no cortes el estambre con tijeras; tu tejido o crochet se desbaratará. Si el enganchón es leve, trabaja el estambre uniéndolo de nuevo al tejido flexionando y extendiendo los puntos cercanos. Si el enganchón sacó una lazada grande, métala hacia el revés del tejido usando una aguja para estambre o un gancho de crochet.

## Manchas

Retira las manchas de inmediato. No talles la parte afectada porque la fricción daña las fibras del estambre y podría dejar una mancha obvia. Las marcas de aceite deben tratarse por el revés del tejido con un solvente adecuado; sigue las instrucciones del fabricante. La mayor parte de las manchas, excepto las de aceite y grasa, pueden limpiarse con una esponja limpia o con un trapo de cocina y agua fría, el agua caliente "fija" la mancha. Algunas personas recomiendan agua carbonatada para eliminar las manchas de té, café y alcohol; debe ser agua carbonatada sola, sin azúcar ni sabores. Una marca terca podría responder al jabón líquido, como los que se venden para lavar lana y seda, pero sólo debes poner este remedio a prueba si tienes la seguridad de que el estambre no se destiñe. Siempre debes dejar que el lodo se seque antes de eliminarlo con un cepillo.

## Cómo lavar los tejidos

Primero estudia las recomendaciones relacionadas con el cuidado del estambre en la banda que viene con la bola (pág. 149) y busca la temperatura que se sugiere. Es útil conservar una banda de todo lo que tejas, con el color y el tipo de prenda escritos en la parte de atrás. No remojes la lana a menos que quieras hacer que encoja o quieras reciclarlos. Las fibras de lana tienen pequeñas escamas que se unen permanentemente con agua y con calor (ten cuidado, una secadora caliente puede tener el mismo efecto).

Ya sea que laves a mano o a máquina, evita usar jabón en polvo en encaje de crochet o en artículos que tienen un alto contenido de lana. Los agentes limpiadores de los jabones líquidos están diseñados para usarse a bajas temperaturas y no dejan depósitos de polvo. El jabón líquido tiene la misma eficacia en las fibras hechas por el hombre, en especial en zonas de agua dura.

Pon todas las prendas al revés si estás lavando a máquina, colócalas en una bolsa de malla para evitar que se deformen o se enreden (una funda cerrada por la parte superior con una banda elástica). Las lavadoras modernas tienen una gran diversidad de programas de lavado y exprimido para tejidos de lana y sintéticos; úsalos con confianza siempre y cuando diga "puede lavarse a máquina" en la banda de la bola de estambre. El programa para la lana puede usarse en estambres etiquetados como "lana pura nueva" y "preencogido"; otros tipos de estambres, como el de angora, deben lavarse a mano, que garantiza un tratamiento delicado con la menor agitación.

El suavizante de telas no es muy recomendable para las fibras de estambre natural. Demasiado suavizante relaja la tensión de los puntos y eso hace que el tejido pierda la forma. En el caso del chenille, provoca que se desprendan sus pequeñas fibras y no debe usarse en absoluto. Los acondicionadores ayudan a reducir la electricidad estática en las fibras sintéticas.

Si lavas a mano, coloca la prenda en una tina pequeña y haz espuma presionando y apretando suavemente, no talles ni retuerzas el tejido. Enjuaga cambiando el agua varias veces. LOS TEJIDOS DE LANA DEBEN ENJUAGARSE EN AGUA TIBIA, LOS DE ACRÍLICO SIEMPRE DEBEN ENJUAGARSE CON AGUA FRÍA.

Cuando saques la prenda de la tina, dale apoyo al transferirla a una toalla seca, luego los enrollas juntos para eliminar el exceso de humedad. No la exprimas. Voltea las prendas al derecho.

Usando una superficie de trabajo, un tendedero o una rejilla para secado plana, extiende otra toalla (seca) y coloca la prenda en posición plana para que la humedad se evapore de manera uniforme en toda la superficie. Dale forma suavemente, no permitas que las mangas cuelguen, sujeta todos los botones y dobla los cuellos hacia abajo.

Si tienes un deshumidificador, eso acelerará el proceso de secado, si no lo tienes, mantén tus prendas tejidas con agujas o gancho lejos del calor directo o de la luz solar fuerte. Nunca sujetes las prendas con pinzas, ni las cuelgues en ganchos para que se sequen; las pinzas de ropa dejan marcas profundas y toda la humedad baja por la prenda de modo que se extiende perdiendo su forma. Si la prenda no está completamente seca después de 24 horas, voltéala y vuelve a colocarla en la misma forma para que se seque.

Sólo puedes plancharla si es lo indicado, y siempre usa vapor combinado con una tela para planchar por el revés del tejido. El encaje de crochet necesita plancharse, trátalo como tratarías un bordado, usando también una tela para planchar. Otra alternativa es fijarlo con alfileres de modo que quede en posición plana. Usa alfileres largos que no se oxidan, como se describe en la pág. 168.

# ALMACENAJE

*Estas notas se aplican a las bolsas de estambre que no se han usado o a prendas, mantas, juguetes o accesorios. Revisa con frecuencia las cosas que tienes guardadas e invierte en bolsas ziploc para protegerlas.*

Los peores enemigos de los tejidos son la humedad y los insectos; lo que más atrae a la polilla son las fibras de lana. La regla de oro es guardar las cosas limpias. El polvo, la mugre y el sudor pueden dañar y decolorar todo tipo de fibras, sintéticas o naturales, y tanto la polilla como el moho se alimentan de la mugre.

No guardes las cosas apretándolas en un área confinada, permite que le aire circule entre ellas. Los recuerdos de familia, como los ropones de bautizo y los chales, deben lavarse en casa o mandarse a la tintorería, luego deben colocarse entre papel tipo kleenex libre de ácidos y almacenarse de inmediato en recipientes cerrados. Dobla con cuidado tus prendas y mantas tejidas y guárdalas en cajones, baúles y estantes bien protegidos (incluso puedes guardarlas en maletas) o dentro de cubiertas con cierres y cajas de plástico con tapa para almacenarlas a largo plazo. Puedes pegar las tapas con cinta adherible para mayor protección. Etiqueta cada paquete, es muy probable que no recuerdes exactamente qué guardaste en cada lugar.

Cuando revises lo que tienes almacenado, es buena idea sacudir las prendas de vez en cuando y volver a doblarlas en forma diferente para que los dobleces no se marquen.

La polilla mide sólo unos 7 mm y es de color café claro. Tiende a rondar el área que ha infestado y su forma débil de volar facilita su destrucción. Mantente alerta, la polilla siempre busca los rincones más oscuros, entra a los cajones y a los estantes por las grietas (le encantan los recovecos de los muebles de madera), y es prudente revisarlos después de varias semanas si no los abres con frecuencia; si constante perturbas el hábitat potencial de la polilla, la plaga no puede arraigarse.

La hembra pone un promedio de 50 huevos en un periodo de dos o tres semanas, luego muere. Pero el macho sobrevive a la hembra y sigue procreando durante toda su vida. Los huevos se abren en una semana o diez días, y las larvas causan mucho daño a los tejidos, pues se comen las fibras de lana y de seda, las pieles, las plumas y el estambre almacenado. La polilla puede incluso alimentarse con fibras sintéticas o telas como el algodón, y está mezclado con lana. Examina las zonas ocultas de las prendas: Las costuras, bajo los cuellos, los puños y los botones o broches. En el verano, saca las prendas de lana al sol; las larvas detestan exponerse a la luz y se caen de la prenda buscando otro lugar donde ocultarse.

En la actualidad, la guerra contra la polilla ya no incluye el uso del alcanfor cuyo olor es muy fuerte; existen otros productos aromatizados como el aceite de limoncillo, los bloques de madera de cedro y las bolsitas de lavanda, aunque deben cambiarse con frecuencia.

Los insecticidas en aerosol deben usarse con cuidado, y no cerca de la seda o el rayón, ya que por lo general tienen una base de aceite y dejan marcas en las telas y tejidos finos.

Los buenos hábitos de limpieza en el hogar son fundamentales, y la aspiradora es el arma más eficaz contra las larvas que acechan bajo los muebles pesados o en los tubos oscuros de la calefacción. Vacía con frecuencia la bolsa o el cilindro donde se almacena el polvo y échalo a la basura, podría contener huevos que se abrirían y causarían una constante infestación en la casa. Aunque la mayoría de las personas se las arreglan para resolver sus problemas con la polilla, algunas plagas persisten y es necesario recurrir a la ayuda de servicios profesionales para el control de plagas.

Evita el moho asegurándote de que las prendas que lavas estén completamente secas antes de guardarlas. Y consérvalas en espacios secos y bien ventilados; de preferencia, no los guardes en desvanes o sótanos. Los calentadores y deshumidificadores de baja potencia ayudan a reducir los problemas de condensación.

# RECICLAR

## Destejer estambre

Volver a usar el estambre de prendas tejidas viejas es una medida económica que se inició en la Segunda Guerra Mundial y es muy adecuada para nuestra cultura actual en la que el reciclar ha cobrado importancia. Se puede dar vida nueva a las prendas tejidas pasadas de moda, como las que se encuentran en las tiendas de segunda mano, o a tus propias prendas viejas que han perdido su atractivo. Su estambre puede usarse para hacer prendas pequeñas como gorras, bufandas y guantes. Es más difícil destejer las prendas tejidas a máquina porque las piezas se unieron con overlock (Una costura tipo overlock se realiza sobre el borde de una o dos piezas de tela para definir el borde o encapsularlo, o bien para unirlas. Por lo general una máquina de coser overlock corta los bordes de la tela a la vez que le son insertados); sin embargo, debería haber una o dos puntadas normales que puedas abrir y encontrar una hebra para empezar a destejer la prenda.

Una advertencia con respecto a comprar prendas tejidas de segunda mano; date tiempo para inspeccionarlas y asegúrate de que no vas a perder tu tiempo y tu dinero. Si la lana se siente ligeramente abultada, no será posible destejerla; se ha dañado debido al calor y nunca volverá a ser como era. Desafortunadamente, algunas fibras son demasiado frágiles y no vale la pena trabajar con ellas; el terciopelo del chenille se desprenderá y caerá por todas partes en cuanto empieces a destejerlo.

Comienza quitando las costuras de la prenda (los cuellos son un buen lugar para empezar), teniendo cuidado de no cortar el tejido en sí. Desbarata el tejido hacia abajo, desde el extremo del tejido en que se cerraron los puntos. Tal vez no puedas deshacer cada sección por completo sin cortar el estambre para liberarlo en algún punto. Forma una bola con el estambre a medida que lo destejes para evitar que se enrede. El siguiente paso es convertir la bola de estambre en una madeja enrollándolo en el respaldo de una silla.

Cuando hayas terminado y antes de sacar la madeja de la silla, átala en tres o cuatro lugares con trocitos de estambre, esto mantiene unidos los rollos de la madeja mientras los lavas. Lava el estambre a mano, moviendo la madeja suavemente para aflojar la mugre. Enjuágala bien, sacúdela, y luego cuélgala o colócala sobre una superficie plana para que se seque al natural.

Cuando esté completamente seca, haz bolas de estambre, sin apretarlas mucho. No te preocupes si el estambre se rompe, puede unirse a medida que tejes algo totalmente nuevo con estambre reciclado.

## Enfurtir

Al enfurtir (apelmazar el pelo) se crea un material completamente distinto con viejas prendas de vestir de lana, lisas o con patrones. La definición de los puntos desaparece, dejando una superficie más suave y aplanada. Verifica primero la etiqueta de la prenda; si dice "preencogida" o "puede meterse a la lavadora" la técnica no funcionará. Por otra parte, si dice "lavar sólo en tintorería", el procedimiento seguramente será exitoso. La condición de la prenda no importa, ya que cuando termines puedes cortar los trozos que están muy desgastados o manchados.

El método es sencillo. Toma una prenda de lana pura (esto también incluye mantas o cobijas de lana desgastadas) y ponla en la lavadora con el ciclo de agua caliente, usando más o menos la mitad del detergente que normalmente usarías, no uses suavizante de telas. Si te preocupa que la prende suelte fibras, métela en una funda vieja (ver la sección sobre lavado). Es aconsejable quitarle los botones o adornos antes de empezar, a menos que vayan a formar parte del nuevo diseño. Cubre las mangas largas, desde el puño hasta la sisa, con pantimedias viejas. Más tarde puedes abrir las mangas totalmente y tendrás el doble de material. Debes recordar que los colores podrían desteñirse si se lavan a altas temperaturas y las prendas podrían encogerse en un 30 por ciento. La secadora podría ayudar en el proceso. Si una prenda se lava y se seca repetidamente, seguirá encogiendo, tal vez hasta un 70 por ciento.

Los tejidos enfurtidos no se deshilachan y pueden usarse para hacer casi cualquier cosa, desde sombreros y botines, hasta bolsas y formas novedosas para hacer aplicaciones.

Puedes hacer un cobertor de retazos útil con 8 o 10 suéteres gruesos de hombre (los más finos no se encogen muy bien) después de lavarlos con agua caliente y secarlos en la secadora. Luego se cortan en cuadros de 18 cm que se colocan formando su patrón definitivo y se unen borde con borde, usando una puntada zigzag en la máquina de coser, para formar tiras del tamaño deseado. Divides el número de tiras entre dos y unes cada grupo en sentido vertical para formar dos lados iguales del cobertor. Al final, fijas con alfileres las dos mitades terminadas, y unes sus bordes con puntada overlock. Cose con puntadas rectas ambas capas a lo largo de las costuras para que los retazos se mantengan unidos, o amarra nudos decorativos con estambre de un color que combine en el centro de cada tercer cuadro (ver la pág. 90).

# ABREVIATURAS Y TÉRMINOS QUE SE USAN EN EL TEJIDO

En las explicaciones de todos los puntos se utilizan muchas abreviaturas de uso común. Aquí están las más usadas:

**2pj;** 2 puntos juntos.

**\*a\***esta letra con asteriscos incluídos significa que hay que repetir los puntos indicados entre los asteriscos, que en vez de repetirlos se les representa con la letra a.

**ag;** aguja.

**aum;** aumentos/aumentar.

**aux;** auxiliar.

**c;** cadena.

**cm;** cm.

**Contrariar los puntos**; significa que el punto que está al derecho se debe tejer al revés y viceversa.

**d o der;** derecho.

**dism;** disminuciones/disminuir.

**Deslizar un punto**; significa pasar un punto de la aguja izquierda a la derecha sin tejerlo.

**g;** gramos.

**¿Hay que contar las vueltas?:**

Sí. Nos sirve para poder seguir un patrón o cuando hacemos cambios de color.

**h o hil;** hilera.

**Hilera o pasada;** es cuando tejemos todos los puntos de la aguja izquierda a la derecha.

**laz;** lazada.

**Lazada;** es hacer un bucle con el hilo (también se le conoce como "hechar hebra") alrrededor de la aguja derecha antes de tejer un punto. Esto origina el aumento de un punto y produce siempre un agujero o calado. A este tipo de aumento se le conoce como *lazada simple*. Para crear un punto calado casi siempre se compensa con un menguado (reducción de un punto).

**mp;** medio punto.

**meng;** menguar, que significa disminuir.

**p;** punto.

**pd;** punto derecho.

**pr;** punto revés.

**r o rev;** revés.

**sd;** surjete doble (pasar 1 p. sin tejer, tejer juntos los dos siguientes al derecho y montar sobre el punto obtenido el anterior no tejido).

**ss;** surjete sencillo (pasar 1 p. sin tejer, tejer el siguiente al derecho y montar sobre éste el punto anterior no tejido).

**Tejer los puntos como se presentan;** significa que cuando comienza una hilera nueva si el punto que se está por tejer se ve al derecho se debe tejer un nuevo punto derecho, si se ve al revés se debe tejer un nuevo punto revés.

**Vuelta;** una vuelta la componen dos pasadas.

## Términos adicionales

Los términos pueden significar diferentes cosas de acuerdo a cada patrón. Por lo tanto el significado se describe al comienzo de cada set de instrucciones y sólo es válida para ese conjunto, a menos que se indique lo contrario.

Hay varios términos usualmente utilizados en crochet, que se enumeran a continuación.

**Abanico:** Grupo de puntos trabajados en el mismo punto o lugar.

**Cadena base:** La cadena de inicio para comenzar cualquier labor en hileras.

**Cadena de vuelta:** Tejer uno o más puntos cadena al final de una hilera o vuelta para estar a la altura del tipo de punto que se tejerá en la siguiente hilera o vuelta.

**Girar:** Se refiere a girar el trabajo, generalmente al finalizar la hilera, para comenzar con la siguiente hilera.

**Hilera:** Línea horizontal de puntos que al completarse se gira para pasar a la siguiente.

**Lazada:** Envolver con la la aguja, desde atrás hacia adelante.

**Lazo delantero:** Se refiere a la lazada delantera del punto.

**Lazo trasero:** Se refiere a la lazada trasera del punto.

**Muestra:** Se refiere al número de puntos que entran en 10cm a lo ancho y la cantidad de hileras a lo alto de una muestra tejida con el mismo hilado y aguja que se tejerá el patrón. Si el número de hileras/puntos es menor a lo que indica el patrón, entonces la aguja es demasiado grande. Realizar otra muestra con un número de aguja menor a la indicada por el patrón. Si el número de hileras/puntos es mayor a lo que indica el patrón, entonces cambia a una aguja un número más grande. Siempre utiliza la aguja que produzca la muestra correcta.

**Picot:** Consiste en una serie de puntos cadena, generalmente 3 o 4 puntos, en donde se une, con punto raso, el primer punto cadena con el último generando un punto decorativo.

**Racimos:** Dos o mas puntos altos, frecuentemente picados o tomados en distintos espacios, que mientras se realiza cada punto alto se deja la última lazada de cada uno en la aguja y al final hasta se cierran todos juntos.

**Rematar:** Esconder entre el tejido, con ayuda de una aguja de crochet o aguja lanera, la/s hebra/s que queda/n al finalizar el trabajo.

**Ronda:** Línea horizontal de puntos en trabajos en círculos en donde no se distingue principio y fin de la hilera.

**Unir:** Se refiere a unir el primer punto con el último cuando se trabaja en rondas. Generalmente se une en punto raso pero el patrón puede indicar otro punto, como el punto alto, para compensar altura.

# ABREVIATURAS Y TÉRMINOS QUE SE USAN EN EL CROCHET

Los diagramas, que se realizan con símbolos, suelen estar acompañados también por las instrucciones escritas. Algunos patrones utilizan abreviaturas con las que se consigue decir varias cosas de manera más corta. Por ejemplo, en una instrucción de un patrón, en lugar de escribir "punto alto" puede escribirse "pa" para referise a ese punto.

Para más información sobre símbolos y abreviaturas ver: Puntos básicos y símbolos de crochet.

Si un patrón dice: **1 c, 1 pb, 1 pa**

Es mucho más corto que decir: **1 cadena, 1 punto bajo, 1 punto alto.**

**Éste es un ejemplo de una instrucción escrita abreviada:**

**Vuelta 1:**

1c, 3pb en el anillo base, *dos veces más, unir en pa (4 espacios).

**V. 2:**

[3c, 2pa juntos, (3c, 3pa juntos) dos veces] en el espacio del pa, *[3pa juntos, (3c, 3pa juntos) dos veces] en el siguiente espacio de 3-cadenas; rep desde*dos veces mas, unir en pr.

**V. 3:**

1c, pb en el mismo punto, *3pb en el siguiente espacio de 3-cadenas, pb en el sig punto, Picot-3, 3 pb en el siguiente espacio de 3-cadenas, pb en los sig 2 puntos; rep desde*, omitit el último pb, unir en pb. Rematar.

## Símbolos

Además de los símbolos que representan cada punto de crochet, en instrucciones escritas puedes encontrar, como en el ejemplo anterior, alguno de los siguientes símbolos. Los ejemplos que siguen no están abreviados.

**Asterisco \***

Indica desde dónde se repite una serie de instrucciones.

Una instrucción podría decir: **1 cadena, 1 punto alto, \*1 cadena, 1 punto bajo, 1 punto alto; repetir desde\* 3 veces más.**

*Ten en cuenta que lo que va desde el asterisco hasta el punto y coma ya se hizo una vez y debe repetirse 3 veces más, eso significa que en total se realiza 4 veces.*

**Doble asterisco \*\***

Indica una repetición final incompleta.

Una instrucción podría decir: **\*1 cadena, 1 punto alto, 3 cadenas, 1 punto alto\*\*, 1 punto bajo; repetir desde\* y terminar la última repetición en\*\***

**Paréntesis ( )**

Los paréntesis se utilizan para aclarar o ampliar información.

Por ejemplo: **3 cadenas (cuenta como un punto alto).**

*En ese caso se utiliza la aclaración al comienzo de una vuelta o hilera.*

Por ejemplo: **(25 sc).**

*En ese caso se utiliza al final de una vuelta o hilera cuando se realizaron aumentos o disminuciones, para aclarar cuántos puntos son los que deben quedar al terminar.*

Por ejemplo: **(LD)** o **(LR)**

*en ese caso se utilizan para indicar de qué lado del tejido se debe trabajar (LD: lado derecha, LR:lado revés).*

Por ejemplo: **Talle 2 (4, 6, 8)**

*un patrón puede incluir instrucciones en diferentes talles. A lo largo de las instrucciones, donde debe elegir el tamaño*

*correcto, las instrucciones podrían indicarse por ej. así: 30 cadenas (38, 46, 52). De acuerdo al orden corresponde cada talle.*

Por ejemplo: **(1 punto bajo, 2 puntos altos, 1 punto bajo) en el siguiente punto bajo.**

*En ese caso se utiliza para establecer puntos que se trabajan en grupo, donde los puntos encerrados entre paréntesis se deben trabajar sobre el siguiente punto bajo.*

Corchetes [ ]

– Indica las instrucciones que se tienen que repetir.

Por ejemplo: **[1 punto bajo, 2 puntos altos, 1 punto bajo] hasta el final.**

Siga todas las indicaciones entre paréntesis tantas veces como se indica.

– Usado con paréntesis, cuando hay dos grupos de instrucciones anidado uno adentro de otro.

Por ejemplo: **[2 cadenas, (1 punto bajo, 1 cadena, 1 punto bajo) en el siguiente punto bajo] dos veces.**

*En ese caso, se debe seguir las instrucciones entre corchetes dos veces. Específicamente sería así: "2 cadenas, (1 punto bajo, 1 cadena, 1 punto bajo) en el siguiente punto alto; 2 cadenas, (1 punto bajo, 1 cadena, 1 punto bajo) en el siguiente punto alto".*

Por ejemplo **[(3 puntos altos juntos, 3 cadenas) dos veces, 3 puntos altos juntos] en el siguiente espacio de 3-cadenas.**

*En ese caso, se debe seguir las instrucciones entre corchetes una vez, trabajando todos los puntos en el mismo espacio de 3-cadenas. Específicamente sería así: "en el siguiente espacio de 3-cadenas (3 puntos altos juntos, 3 cadenas; 3 puntos altos juntos, 3 cadenas), 3 puntos altos juntos".*

# TÍTULOS DE ESTA COLECCIÓN

Bordado

Costura

Decoración con cuentas

El arte de la costura para principiantes

Juguetes suaves

Patchwork

Punto de cruz

Tejido y ganchillo

Me encanta... tejer con ganchillo

Me encanta... tejer con agujas